DR. KARL-HARTMANN NECKER

DER RÄUMLICHE GELTUNGSBEREICH DER HAAGER REGELN

ÜBERSEE-STUDIEN

ZUM HANDELS-, SCHIFFAHRTS- UND VERSICHERUNGSRECHT

Herausgegeben von
Prof. Dr. HANS MÖLLER

und

Prof. Dr. HANS WÜRDINGER
in Hamburg

HEFT 31

DER RÄUMLICHE GELTUNGSBEREICH DER HAAGER REGELN

Von

DR. KARL-HARTMANN NECKER

in Hamburg

Berlin 1962

WALTER DE GRUYTER & CO.

vorm. G. J. Göschen'sche Verlagshandlung / J. Guttentag, Verlagsbuchhandlung / Georg Reimer / Karl J. Trübner / Veit & Comp.

Archiv-Nr. 2733622

Satz und Druck: Saladruck, Berlin N 65

INHALTSVERZEICHNIS

VIERTER TEIL Seite

DER GELTUNGSBEREICH DES IÜ's IN DER RECHTSPRAXIS DER VERTRAGSSTAATEN

ANHANG

DIE PARAMOUNT-KLAUSEL

FÜNFTER TEIL

REFORM DES IÜ's

LITERATURVERZEICHNIS
(zugleich Zitierschlüssel)

I. MATERIALIEN

Begründung	Amtliche Begründung des Gesetzes zur Änderung von Vorschriften des Handelsgesetzbuches über das Seefrachtrecht vom 10. August 1937, in Reichs- und Preußischer Staatsanzeiger 1937 No. 186.
CMI-Bulletin No. 57	Comité Maritime International, Bulletin No. 57 (Conférence de Londres, Octobre 1922).
CMI-Bulletin No. 65	Comité Maritime International, Bulletin No. 65 (Conférence de Gothembourg, août 1923).
CMI-Bulletin No. 104	Comité Maritime International, Bulletin No. 104 (Conférence d'Amsterdam 1949).
CMI-Conventions de Bruxelles	Comité Maritime International, Conventions de Bruxelles 1957.
CMI-Conference of Rijeka	Comité Maritime International, Conference of Rijeka 1959 (Attendance, Preliminary Reports, Minutes, Resolutions and Draft Conventions).
CMI-Resolution 1959	Comité Maritime International, Conference of Rijeka, Resolution 1959.
CMI-Preliminary Reports 1959	Comité Maritime International, Rijeka-Conference Preliminary Reports 1959.
CMI-Doc. Con. (Nummer und Land)	Stellungnahmen der Mitgliederstaaten des CMI zu einem Fragebogen betreffend die Reform des Art. X IÜ (unveröffentlicht).
Conférence Internationale	Conférence Internationale de Droit Maritime, Bruxelles 1922, Procès Verbaux des Séances tenues du 17 au 26 octobre 1922 (Bruxelles, Imprimerie Lesingue 1923).
Conférence Internationale (Subcommission)	Conférence Internationale de Droit Maritime, Réunion de la Subcommission Bruxelles 1923, Procès Verbaux des Séances tenues du 6 au 9 octobre 1923 (Ledeberg 1924).
DVIS-Materialien	Schriften des „Deutscher Verein für Internationales Seerecht", Reihe B, Heft 1: Materialien zur Vereinheitlichung des Rechtes der beschränkten Reederhaftung.

ILA 30th Report	International Law Association, Report of the 30th Conference (30 August—3 September 1921), Volume II (Proceedings of the Maritime Law Committee). London 1922.
Report of British Delegates	Report of British Delegates at the International Maritime Conference held at Brussels on the 17th—26th of october 1922, London 1923.

II. AUTOREN

Abraham, Seerecht	H. J. Abraham, Das Seerecht, Berlin 1956.
Abraham, Luftrecht	H. J. Abraham in Schleicher-Reymann-Abraham, Das Recht der Luftfahrt 3. Aufl. Köln-Berlin 1960.
Arminjon	P. Arminjon, Précis de droit international privé, Teil II Paris 1958.
Astle	W. E. Astle, Shipowners' cargo liabilities and immunities. 2. Aufl., London 1954.
Aubrun	H. Aubrun, Les transports de marchandises par mer, Paris 1938.
v. Bar	L. v. Bar, Internationales Handelsrecht in „Ehrenbergs Handbuch des gesamten Handelsrechts" Bd. 1 Leipzig 1913.
Battifol	H. Battifol: Traité élémentaire de droit international privé. 3. Aufl. Paris 1959.
Baumert	W. A. Baumert, Comparison of American legislation and the international convention for the unification of certain rules relating to bills of lading. Washington 1928.
Beale	J. H. Beale: A treatise of the conflicts of laws Bd. II New York 1935.
Bertrand de la Grassière, Clause attributive	P. Bertrand de la Grassière, La clause d'un connaissement attributive de compétence à un tribunal étranger in D. M. F. 1952 S. 119 ff.
Bertrand de la Grassière, La navigation	P. Bertrand de la Grassière, La navigation réservée et las clauses de compétence (Loi du 2 avril 1936), in D. M. F. 1954 S. 639.
Bisschop	W. R. Bisschop, Rapport sur les clauses d'exonération dans les connaissements, in CMI-Bulletin No. 57 S. 159 ff.
v. Bladel	G. v. Bladel, Connaissement et règles de la Haye. Brüssel 1929.
Bonnecase	J. Bonnecase, Précis élémentaire de droit maritime. Paris 1932.
Capelle, Frachtcharter	K. H. Capelle, Die Frachtcharter in rechtsvergleichender Darstellung. Rostock 1940.
Capelle, Gutachten	K. H. Capelle, Bericht zu dem Entwurf einer Konvention zur einheitlichen Regelung der Statutenkollision (DVIS, Arbeitsausschuß für Statutenkollision auf dem Gebiet des Seefrachtrechts), unveröffentlicht.

Carver	Carver, Carriage of goods by sea, 10th edition by R. P. Colinvaux. London 1957.
Chauveau, Convention	P. Chauveau, Des conventions portant loi uniforme, in Journal du droit international, 83. Jg. S. 570 ff.
Chauveau Traité	P. Chauveau, Traité de droit maritime. Paris 1958.
Cheshire, Contracts	G. C. Cheshire, International contracts (Glasgow University Publication LXXVI), Glasgow 1948.
Cheshire	G. C. Cheshire, Private international law. 5. Aufl. Oxford 1957.
Choteau	A. Choteau, Les effets de l'adoption contractuelle des Règles de la Haye, in Revue Dor Bd. 19 S. 18 ff.
Cigoj	St. Cigoj, Jugoslawische Kollisionsregeln des Seefrachtvertrages, in OER 1960 Heft 2/3 S. 97 ff.
Cole	S. D. Cole, The Carriage of Goods by Sea Act, 1924. 4. Aufl. London 1937.
Colinvaux	R. P. Colinvaux, The Carriage of Goods by Sea Act, 1924. London 1948.
Cook	W. W. Cook, The logical and legal basis of the conflicts of Laws, (Harvard Studies in the conflicts of laws — Volume 5). Cambridge/Massachusetts 1949.
Devlin	Sir P. Devlin, The English rules on choice of law with reference to maritime contracts (charterparties and bills of lading). Göteborg 1952.
Dicey	Dicey, Conflict of laws, 7th ed. by J. H. Morris, London 1958.
St. Dor	St. Dor, Bill of lading clauses and the Brussels international convention of 1924 (Hague Rules), Study in comparative law. (English translation by J. M. Bokownew). 1956.
Dreyer	U. Dreyer, Paramount Klauseln in Charterparties, in Monthly Circular der BIMCO, 1960 S. 8207.
Dubosc	M. Dubosc, De la loi applicable au contrat de transport maritime, in D. M. F. 1951 S. 211 ff.
Dumont	B. Dumont, Ausgewählte Kapitel aus dem schweizerischen Seeschiffahrtsrecht, in Berner wirtschaftswissenschaftliche Abhandlungen, Heft 40.
Eynard	J. Eynard: La loi du pavillon (Recherche d'une règle générale de solution des conflits de lois du droit maritime international). Paris/Aix en Provence 1926.
van Empel	A. C. van Empel, Clauses attributives de jurisdiction et le renvoi à une loi étrangère, in D. M. F. 1956. S. 631 ff.
Falconbridge	J. D. Falconbridge, Selected essays on the conflict of laws. 2. Aufl. Toronto/Ontario 1954.
Fraikin	G. Fraikin, Traité de la responsabilité du transporteur maritime. Paris 1957.

Frankenstein I, II — E. Frankenstein, Internationales Privatrecht (Grenzrecht). Bd. I und Bd. II, Berlin 1929.

Freund — H. Freund, Das Schiffahrtsrecht der Sowjetunion. Beilageheft der ZHR Bd. 95. Stuttgart 1930.

Gilmore-Black — G. Gilmore — C. L. Black jr., The law of admiralty. Brooklyn 1957.

Giraud — M. Giraud, La responsabilité de l'incendie dans le transport des marchandises par mer, in Rev. Dor Bd. 40 S. 19 ff.

Gooderich — H. F. Gooderich, Handbook of the conflicts of laws. 3. Aufl. St. Paul, Minn. 1949.

Govare — J. P. Govare, Hague Rules under French law, in The Shipbroker (The Journal of the Institute of Chartered Shipbrokers) 1938 (Vol. VIII No. 30) S. 80 ff.

Gram — Per Gram, The Norwegian maritime code and bill of lading Act, Oslo 1950 (hektographiert).

Gramm — H. Gramm, Das neue deutsche Seefrachtrecht nach den Haager Regeln. Berlin 1938.

Graveson, Bills of Lading — R. H. Graveson, Bills of lading and the unification of maritime law in the English courts, in Lectures on the conflict of laws and international contracts. Michigan 1951, S. 57 ff.

Graveson, Conflicts — R. H. Graveson: The conflict of laws. 3. Aufl. London 1955.

Graveson, Proper Law — R. H. Graveson, The proper law of commercial contracts in the English legal system in Lectures on the conflict of laws and international contracts Michigan 1951, S. 1 ff.

Gutteridge — H. C. Gutteridge, Note: „Vita Food" 55 L. Qu. Rev. (1939) S. 323 ff.

Gütschow — C. Gütschow, Die Haager Regeln 1922, in HansRZ 1924 Sp. 887 ff., 929 ff.

Guyon, Controverses — Y. F. Guyon, Controverses sur la notion de transport international de marchandises, in D. M. F. 1958 S. 195 ff.

Guyon, Les transports — Y. F. Guyon, Les transports régis par la loi du 2 avril 1936, Paris 1960.

Haudek — W. Haudek: Die Bedeutung des Parteiwillens im internationalen Privatrecht, in Rechtsvergleichende Abhandlungen Bd. II Berlin 1931.

Hill — Sir Norman Hill, in Report of the International Shipping Conference, held at Hotel Victoria, Northumberland Avenue London, London 1921.

Hoffmeyer — V. Hoffmeyer, Erkennen die Bundesgerichte der Vereinigten Staaten Gerichtsstandsklauseln im Konnossement an?, in Hansa 1960 S. 384 ff.

Hosner — C. Hosner, La responsabilité du transporteur maritime: Etude de droit suisse. Diss. Lausanne 1956.

Kahn-Freund — Kahn-Freund, Note: Private international law: contracts, in 3 Mod. L. Rev. (1939) S. 61 ff.

Katicic — N. Katicic, Les règles de conflit pour les contrats relatives au transport maritime et notre codification. (Zusammenfassung einer in jugoslawischer Sprache verfaßten Abhandlung) in Jugoslavenska Revija za Medunaroduo Pravo 1959 (Heft 2) S. 204 f.

Katzenstein — G. Katzenstein, Konnossementsfragen, in Hansa 1951 S. 1514.

Kiep — L. Kiep, Die Ergebnisse der XIII. Tagung des Comité Maritime International, in Hansa 1922 S. 1299 ff.

Kluge, Probleme — K. Kluge, Probleme des französischen Seefrachtrechts seit Einführung der Haager Regeln (Gesetz vom 2. 4. 1936), Hamburger Dissertation, 1956.

Kluge, Verfrachterhaftung — K. Kluge, Grundsätze der Verfrachterhaftung nach französischem Recht im Geltungsbereich des französischen Ausführungsgesetzes zu den Haager Regeln, in ZHR Bd. 120, S. 24 ff.

Knauth, Bill of lading — A. W. Knauth, The American law of ocean bills of lading. 4. Aufl., Baltimore 1953.

Knauth, Renvoi — A. W. Knauth, Renvoi and other conflicts problems in transportation law, in 49 Col. L. Rev. (1949) S. 1 ff.

Komachiya — S. Komachiya, La nouvelle loi japonaise relative aux transports internationaux des marchandises par mer, in D. M. F. 1958 S. 117 ff.

v. Laun, Geltungsbereich — O. R. v. Laun, Der Geltungsbereich der Haager Regeln, in Recht der internationalen Wirtschaft 1954/1955, S. 202 ff.

v. Laun, HR — O. R. v. Laun, Die Haager Regeln im Ausland, in Hansa 1951 S. 1841.

Lebuhn, HR — J. Lebuhn, Die Haager Regeln im Spiegel der ausländischen Gesetzgebung, in Hansa 1951 S. 1346 ff.

Lebuhn, Linienkonnossement — J. Lebuhn, Das Linienkonnossement, Heidelberg 1958.

Liesecke — R. Liesecke in F. Schlegelberger — R. Liesecke, Seehandelsrecht. Berlin-Frankfurt a. M. 1959.

Lorenz — W. Lorenz, Vertragsabschluß und Parteiwille im internationalen Obligationsrecht Englands, Heidelberg 1957.

McNair — Sir A. D. McNair: The law of the air 2. Aufl. London 1953.

Mann, Illegality — F. A. Mann, Proper law and illegality in private international law, in 18 B. Y. I. L. (1937) S. 97 ff.

Mann, Proper Law — F. A. Mann, The proper law of the contract in I. L. Q. Vol. 3 (1950) S. 60 ff.

Marais, Les transports — G. Marais, Les transports de marchandises par mer et la jurisprudence: loi du 2 avril 1936. Paris 1948.

Marais, — G. Marais, Les transports internationaux de marchandises par

Les transports internationaux	mer et la jurisprudence en droit comparé. Paris 1949.
Markianos	D. J. Markianos, Die Übernahme der Haager Regeln in die nationalen Gesetze über die Verfrachterhaftung, Hamburg 1960.
Melchior	G. Melchior, Die Grundlagen des deutschen internationalen Privatrechts. Berlin-Leipzig 1932.
Möller Umbruch	H. Möller, Umbruch des Seefrachtrechtes, in HansRGZ 1937 A Sp. 405 ff.
Möller Versicherung	H. Möller, Versicherung und Haager Regeln, in Hansa 1937 S. 2092 ff.
Morris, Cases	J. H. C. Morris, Cases on international private law. 2. Aufl. Oxford 1951.
Morris, Choice of law	J. H. C. Morris, The choice of law-clauses in statutes, in 62 L. Qu. Rev. (1946) S. 176 ff.
Morris, Note	J. H. C. Morris Note: Service out of jurisdiction and the proper law of the contract, in 61 L. Qu. Rev. (1945) S. 21 ff.
Morris, Proper law	J. H. C. Morris, The proper law of the contract. A reply, in I. L. Q. Vol. 3 (1950) S. 197.
Morris/Cheshire	J. H. C. Morris und G. Ch. Cheshire, The proper law of the contract in the conflict of laws, in 56 L. Qu. Rev. (1940) S. 320 ff.
Mortillaro	A. Mortillaro, Wirksamkeit der vexatorischen und Jurisdiktions-Klauseln, in RdSch Bd. IV Heft 2 S. 14 ff.
Müller	W. Müller, Champs d'application de la convention internationale pour l'unification de certaines règles en matière de connaissement du 25 août, 1924, suivant la législation en Suisse in D. M. F. 1960 S. 634.
Necker, Paramount-Klausel	K.-H. Necker, Die Paramount-Klausel, insbesondere über ihre Verwendung in Charterparties, in Hansa 1959 S. 1810 ff.
Necker, Statutenkollision	K.-H. Necker, Zum Problem der Statutenkollision im Seefrachtrecht in R. d. Sch. Bd. I (Heft 9/10) S. 3 ff.
Niboyet, Rapport	J. P. Niboyet, Rapport verbal sur les domaines respectifs d'application de la loi et de la convention, in Rev. Dor Bd. 37 S. 421 f.
Nolde	Baron B. Nolde: Les conflicts des lois maritimes en droit américain, Rev. Dor Bd. 22 S. 36 ff.
Nussbaum, Deutsches IPR	A. Nussbaum, Deutsches Internationales Privatrecht. Tübingen 1932.
Nussbaum, Grundzüge	A. Nussbaum, Grundzüge des Internationalen Privatrechts unter besonderer Berücksichtigung des amerikanischen Rechts. — Berlin 1952.
Offerhaus, Conflict	J. Offerhaus, Netherland maritime law and the conflict of laws, in Arkiv for Sjørett (Utgitt av Den Norske sjøretts-forening) Bd. 2. Oslo 1954—1957 S. 599 ff.

Offerhaus, Liability	J. Offerhaus, Carriers liability under uniform Hague Rules law. Göteborg 1955.
Payne	Payne's Carriage of goods by sea, 6th edition by J. Milnes Holden, London 1954.
Perceron	A. Perceron: L'introduction en France de Convention pour l'unification du Droit Maritime, in Annales de Droit commercial français, étranger et international, Bd. 45 S. 221 ff.
Poor	W. Poor, American law of charterparties and ocean bills of lading. 4. Aufl., New York-Albany 1954.
Prodromidès	M. Prodromidès, Champs d'application respectifs de la Convention de Bruxelles du 25 août 1924 sur les connaissements et de la loi du 2 avril 1936, in D. M. F. 1953 S. 123 ff.
Raape	L. Raape, Internationales Privatrecht 4. Aufl. Berlin und Frankfurt 1955.
Rabel, Conflicts II, III	E. Rabel, The conflict of laws (A comparative Study) Bd. II und III, Chicago 1950.
Rabel, Rules	E. Rabel, Conflict rules on contracts, in Lecture on the conflict of laws and international contracts, Michigan 1951.
Reithmann	Chr. Reithmann, Seefrachtverträge im deutschen internationalen Privatrecht mit Hinweisen auf die ausländische Rechtsprechung, in AWD 1959 S. 245 ff.
Ridley	J. Ridley, The law of the carriage of goods by land, sea, air. London 1957.
Riese	O. Riese, International-privatrechtliche Probleme des Luftrechts, in Zeitschrift für Luftrecht 1958 S. 272 ff.
Ripert I, II, III	G. Ripert, Droit maritime. 4. Aufl. Bd. I, Bd. II, Bd. III, Paris 1950, 1952, 1953.
Ripert, Commission	G. Ripert, La commission de Bruxelles, in Revue Dor Bd. 4 S. 55 ff.
Ripert, Conférence	G. Ripert, La conférence diplomatique de Bruxelles (17—26 octobre 1922), in Revue Dor Bd. 2 S. 49 ff.
Ripert, Précis	G. Ripert, Précis de droit maritime. 6. Aufl., Paris 1952.
Robinson	G. H. Robinson, Handbook of admiralty law in the United States. St. Paul, Minn., 1939.
Royer	S. Royer, Hoofdzaken der vervoerdersaansprakelijkheid in het zeerecht. Zwolle 1959.
Sauvage, La mort	F. Sauvage, La mort de l'article 435 du Code de Commerce, in D. M. F. 1957 S. 519.
Sauvage	F. Sauvage, Manuel pratique du transport des marchandises par mer. Paris 1955.
Scapel	P. Scapel, La nouvelle législation sur les transports des marchandises par mer. Paris o. J.
Schadee	H. Schadee, Résumé de la jurisprudence Néerlandaise (1957, 1958, 1959), in D. M. F. 1960 S. 307 ff.

Schaps-Mittelstein-Sebba	G. Schaps, Das deutsche Seerecht, Kommentar zum 4. Buche des Handelsgesetzbuchs, 2. Aufl. von M. Mittelstein und J. Sebba, Bd. I Berlin-Leipzig 1921.
Schmitthoff	C. M. Schmitthoff, A textbook of the English conflict of laws (Private international law). London 1945.
Scrutton	Sir T. E. Scrutton, Charterparties and bills of lading, 16th edition by Sir W. L. McNair and A. A. Mocatta. London 1955 (Es sei denn, daß eine andere Auflage angegeben ist).
Sieveking	A. Sieveking, Die Haager Regeln in englischer Beleuchtung, in Hans RZ 1923 Sp. 315 ff.
Smeesters-Winkelmolen I, II	C. Smeesters—G. Winkelmolen, Droit maritime et droit fluvial. 2. Aufl., Bd. I, Bd. II, Brüssel 1929, 1933.
Sprague-Healy	G. C. Sprague—N. J. Healy, Cases on the law of admiralty. St. Paul, Minn., 1950.
Stödter, Konnossementsklauseln	R. Stödter, Geschichte der Konnossementsklauseln. Hamburg 1953.
Stödter, Statutenkollision	R. Stödter, Zur Statutenkollision im Seefrachtrecht, in Liber amicorum of congratulations to Algot Bagge, Stockholm 1956 S. 220 ff.
Strandgaard	K. Strandgaard, The internationality of shipping: I. The international rules relating to bills of lading. Kopenhagen 1939.
Stumberg	G. W. Stumberg, Principles of conflict of laws. Brooklyn 1951.
Suc, loi	A. Suc, La nouvelle loi jougoslave sur les contrats relatifs à l'utilisation des navires de mer, in D. M. F. 1959 S. 696 ff.
Suc, Uniform	A. Suc, Uniform Application of the „Hague Rules" (Interpretation of Art. 10 of the Bills of lading convention, Brussels 1924), in Vjesnik Jugoslavenskoy Udruž enja za Panorsko Pravo, 5. Jg. No. 11, Sept. 1959.
van Slooten	T. R. van Slooten, Dutch international law relating to the carriage of goods by sea, including a comparison with old Dutch, French, German, and English Law. s'Gravenhage 1936.
Temperley	R. Temperley, Carriage of goods by sea Act, 1924, 4th edition by R. Temperley and F. M. Vaughan. London 1932.
Wegerdt-Reuss	A. Wegerdt und K.-F. Reuss, Deutsche Luftfahrtgesetzgebung. 3. Aufl. Mannheim 1959.
Wengler	W. Wengler, Die Anknüpfung des zwingenden Schuldrechts im internationalen Privatrecht, in Zeitschrift für vergleichende Rechtswissenschaft Band 54 (1941) S. 168 ff.
Westlake	J. Westlake, A treatise on private international law. 7. Aufl. London 1925.
Wolfe, Hague Rules	A. J. Wolfe, The Hague Rules, 1921 — in Trade Information Bulletin No. 19 (Department of Commerce, Bureau of foreign and domestic commerce) Washington 1922.

Wolfe, Liability	A. J. Wolfe, Liability of Ocean Carriers for cargo damage or loss, in Trade Information Bulletin No. 297, Washington 1924.
Wolf, IPR	M. Wolf, Das internationale Privatrecht Deutschlands, Berlin—Göttingen—Heidelberg. 3. Aufl. 1954.
Wolf, PIL	M. Wolf, Private international law 2. Aufl. Oxford 1950.
Wolfson	R. Wolfson, The English and French Carriage of Goods by Sea enactments, in The Internationally and Comparative Law Quarterly Vol. IV 1955.
Würdinger	H. Würdinger, Vereinheitlichung des Seerechts in Gegenwart und Zukunft. Hamburg o. J. (nach 1953).
Wüstendörfer, Gutachten	H. Wüstendörfer, Gutachten über die Verschlechterung der Rechtslage der Reeder durch die Haager Regeln, in Hansa 1928, S. 893, 929, 1046.
Wüstendörfer, HB	H. Wüstendörfer, Das Seeschiffahrtsrecht, in Ehrenberg's Handbuch des gesamten Handelsrechts Bd. VII. Leipzig 1923.
Wüstendörfer, HR	H. Wüstendörfer, The Hague Rules 1922. Mannheim—Berlin—Leipzig 1923.
Wüstendörfer, Leistungen	H. Wüstendörfer, Leistungen und Grenzen der internationalen Vereinheitlichung des Seehandelsrechts, in MDR 1951 S. 449 ff.
Wüstendörfer, NSHR	H. Wüstendörfer, Neuzeitliches Seehandelsrecht. 2. Aufl. Tübingen 1950.
Wüstendörfer, Reform	H. Wüstendörfer, Die kommende Reform des deutschen Seerechts, in Veröffentlichungen der Vereinigung der Handelsrechtslehrer Deutscher Hochschulen Heft 1, Berlin und Leipzig 1927.
Wüstendörfer, Schutzzweck	H. Wüstendörfer, Der Schutzzweck der Haager Regeln und das Einheitskonnossement 1940, in HansRGZ 1943 S. 49 ff.
Yiannopoulos, Conflicts	A. N. Yiannopoulos, Conflicts problems in international bills of lading: Validity of „negligence" clauses, in Louisiana Law Review Bd. 18 S. 609 ff.
Yiannopoulos, France	A. N. Yiannopoulos, Bills of lading and the conflict of laws: Validity of „negligence" clauses in France, in A. J. C. L. Bd. 7 (1958) S. 516 ff.
Yntema, Autonomy	H. E. Yntema, „Autonomy" in choice of law, (1) A. J. C. L. (1952) S. 341 ff.
Yntema, Contract	H. E. Yntema, Contract and conflicts of laws: „Autonomy" in the choice of law in the United States, 1 N. Y. L. E. (1955) S. 46 ff.
Zitelmann I und II	E. Zitelmann, Internationales Privatrecht, Bd. I (1897) und Bd. II (1912) Leipzig.

ABKÜRZUNGSVERZEICHNIS

a. A.	anderer Auffassung
a. a. O.	am angegebenen Ort
A. C.	Appeal Cases (amtliche Sammlung von Entscheidungen des House of Lords und des Privy Council: zit. nach Jahrgang und Seite).
A. J. C. L.	The American Journal of Comparative Law (zit. nach Band, Jahr und Seite).
All E. R.	All-England Reports (zit. nach Jahr, Band und Seite)
am.	amerikanisch
A. M. C.	American Maritime Cases (zit. nach Jahr und Seite)
Anm.	Anmerkung
austr.	australisch
AWD	Außenwirtschaftsdienst des „Betriebsberater" (zit. nach Jahr und Seite)
Bd.	Band
belg.	belgisch
BGBl	dt. Bundesgesetzblatt (zit. nach Jahr, Teil und Seite)
BGH	dt. Bundesgerichtshof
BGHZ	Entscheidungen des BGH in Zivilsachen (zit. nach Band und Seite)
BIMCO	Baltic and International Maritime Conference
BRD	Bundesrepublik Deutschland
brit.	britisch
BYIL	British Yearbook of International Law (zit. nach Jahr, Band und Seite)
bzw.	beziehungsweise
CCB	Code de Commerce Belge
2d Cir.	Court of Appeals, Second Circuit
CLR	Commonwealth Law Report
CMI	Comité Maritime International
COGSA	Carriage of goods by sea Act
Col. L. Rev.	Columbia Law Review (zit. nach Band und Seite)
D. C. N. J.	District Court New Jersey
D. M. F.	Le droit maritime français (zit. nach Jahr und Seite)
dt.	deutsch
DVIS	Deutscher Verein für Internationales Seerecht (Deutsche Landesgruppe des CMI)
DVO	Durchführungsverordnung
engl.	englisch

F.	Federal Reporter
F. 2d	Federal Reporter, Second Series
F. Supp.	Federal Supplement
franz.	französisch
gl. A.	gleicher Auffassung
Hansa	Hansa, deutsche nautische Zeitschrift (zit. nach Jahr und Seite)
HansOLG	Hanseatisches OLG
HansRGZ	Hanseatische Rechts- und Gerichtszeitschrift (zit. nach Jahr, Abteilung und Seite)
HansRZ	Hanseatische Rechtszeitschrift (zit. nach Jahr und Spalte)
Harv. L. Rev.	Harvard Law Review
HGB	Handelsgesetzbuch
h. M.	herrschende Meinung
HR	Haager Regeln
ILA	International Law Association
ILQ	International Law Quarterly (zit. nach Jahr, Band und Seite)
ind.	indisch
IPR	Internationales Privatrecht
IÜ	Internationales Übereinkommen zur einheitlichen Feststellung von Regeln über Konnossemente
IÜ-Gesetz	Gesetz zur Inkorporierung des Rechtes des IÜ's in das nationale Recht eines Vertragsstaates
Jg.	Jahrgang
J. off.	Journal officiel
J. P. A.	Jurisprudence du Port d'Anvers (zit. nach Jahr und Seite)
K. B.	Law Journal, King's Bench Division (zit. nach Band und Seite)
L. L. Rep.	Lloyd's List Law Report (zit. nach Jahr, Band und Seite)
L. Qu. Rev.	Law Quarterly Review (zit. nach Band und Seite)
MDR	Monatsschrift für deutsches Recht (zit. nach Jahr und Seite)
Mod. L. Rev.	Modern Law Review (zit. nach Jahr, Band und Seite)
ndl.	niederländisch
neuf.	neufundländisch
No.	Nummer
NVSt	Nichtvertragsstaat
N. Y. L. F.	New York Law Forum (zit. nach Jahr, Band und Seite)
OER	Osteuropa-Recht (zit. nach Jahr und Seite)
OLG	Oberlandesgericht
P	Law Journal, Probate, Divorce and Admiralty Division (zit. nach Band und Seite)
pal.	palästinensisch
P. C.	Law Journal, Privy Council (zit. nach Band und Seite)
phil.	philippinisch
Quasi-VSt	Quasi-Vertragstaat
Qu. B.	Law Journal, Queen's Bench Division (zit. nach Band und Seite)
Rev. Dor	Revue de droit maritime comparé (herausgegeben von L. Dor: zit. nach Band und Seite)
RG	dt. Reichsgericht
RGBl.	dt. Reichsgesetzblatt (zit. nach Jahr, Teil und Seite)

RGZ	Entscheidungen des Reichsgerichts in Zivilsachen (zit. nach Band und Seite)
R. d. Sch.	Recht der Schiffahrt, Karteizeitschrift der internationalen Schiffahrtspraxis (zit. nach Band, Heft und Seite oder nach Karteinummern)
S.	Seite
s.	siehe
S. D. N. Y.	District Court (South District of New York)
sect.	section
sog.	sogenannt
Sp.	Spalte
u. a.	unter anderem
UdSSR	Union der Sozialistischen Sowjetrepubliken
US	United States Report (Entscheidungen des Supreme Court der USA: zit. nach Band und Seite)
USA	Vereinigte Staaten von Amerika
USC	Code of the law of the United States of America
Urt. v.	Urteil vom
v.	von (in englischen oder amerikanischen Rechtsfällen): versus
VAR	Vereinigte Arabische Republik
VSt	Vertragstaat
vgl.	vergleiche
W. L. R.	The Weekly Law Reports (zit. nach Jahr, Band und Seite)
WvK	Wetboek van Koophandel (ndl. HGB)
Yale L. J.	Yale Law Journal (zit. nach Jahr, Band und Seite)
z. B.	zum Beispiel
ZHR	Zeitschrift für das gesamte Handelsrecht und Konkursrecht (zit. nach Band und Seite)

Erster Teil

HISTORISCHER ÜBERBLICK

I. Geschichte der Haager Regeln[1])

Die bereits vor der Jahrhundertwende einsetzende Auseinandersetzung zwischen Verladern und Verfrachtern über das vertretbare Ausmaß der Freizeichnung in Seetransportverträgen, genau gesagt des Gebrauchs sog. „negligence clauses"[2]), fand ihren ersten Höhepunkt, als im September 1921 nach zähem Verhandeln die in Den Haag tagende Versammlung der International Law Association (ILA) die sog. „Haager Regeln"[3] (HR) billigte, die nach dem Willen ihrer Schöpfer auf der Grundlage freiwilliger Unterwerfung für alle kommerziellen Seetransporte nach dem 31. Januar 1922 maßgebend sein sollten.

Es erklärte sich auch in der Tat eine Anzahl Reeder und Verfrachter in England, Italien, Frankreich und Belgien unverzüglich bereit, ihre Kontrakte auf der Basis der Haager Regeln zu schließen[4]). Vereinzelt folgten auch deutsche und holländische Dampferlinien,

---

[1]) Die wohl eingehendste Darstellung der Geschichte der Haager Regeln gibt Stödter, Konnossementsklauseln, S. 54 ff.; aus der Vielzahl der Darstellungen vgl. ferner Wüstendörfer, HB, S. 41 ff.; NSHR, S. 31 f.; Gutachten, S. 893 ff., HR, S. 2 ff.; Abraham, Seerecht, S. 12; Möller, Umbruch, S. 406 ff.; Capelle, Frachtcharter, S. 55; Kiep, S. 1299; Sieveking, S. 315; Würdinger, S. 5 f. u. 9; Carver, S. 160; Colinvaux, S. 7 ff.; Cole, S. 19; St. Dor, S. 13; Scrutton, S. 453 ff.; Wolfson, S. 308; Hill, S. 21 ff.; Knauth, Bill of Lading, S. 138 ff.; Falconbridge, S. 396 ff.; Graveson, Bills of Lading, S. 58 ff.; Baumert, Introduction, S. VI f.; Poor, S. 141 ff.; Yiannopoulos, Conflicts, S. 609 ff.; Ripert, II, S. 255 ff.; Conférence, S. 49 und Commission, S. 55; Guyon, Les transports, S. 17; Marais, Les transports, S. 11 ff. und Les transports internationaux, S. 11 ff.; Bonnecase, S. 438; Perceron, S. 221 ff.; ferner: ILA 30th Report, insbes. S. 6, 28 ff., 218.

[2]) In Ländern, in denen die Verladerinteressen vorherrschen, wurden negligence-Klauseln oft für ungültig erklärt, dagegen ließen solche mit ausgeprägten Schiffahrtsinteressen Freizeichnungen meist unbeschränkt zu.

[3]) Hill, S. 45: „A self-contained Code."

[4]) Bisschop, S. 168.

die durch sog. „Paramount-Klauseln“[5]) in ihren Konnossementen auf den Inhalt der Haager Regeln Bezug nahmen[6]). Die damals verbreitete Annahme, eine Vereinbarung nur empfehlenden Charakters reiche nicht aus, und nur eine für alle Vertragsstaaten verbindliche internationale Konvention könnte die allgemeine Beachtung derartiger Regeln gewährleisten[7]), bestätigte sich allerdings bald.

Die folgende Entwicklungsphase der Haager Regeln wurde insofern beschleunigt, als die englische Regierung sich nicht länger in der Lage sah, sich der dringenden, mit dem Hinweis vor allem auf die „verladerfreundliche“ amerikanische „Harter Act“ vorgetragenen Forderung einiger Dominion-Regierungen zu entziehen, die Verfrachterhaftung alsbald statuarisch zu regeln[8]). Von der Regierung dazu aufgefordert, berieten nunmehr Vertreter der Schiffahrt und der verladenden Wirtschaft in England, wobei sie sich der Haager Regeln als Ausgangsbasis bedienten. Das Resultat dieser Erörterungen waren die nur unwesentlich von den HR abweichenden „Rules for the Carriage of Goods by Sea“. In der Erkenntnis, daß nur ein in allen handeltreibenden Nationen geltendes einheitliches Gesetz geeignet ist, den vorhandenen Schwierigkeiten abzuhelfen, nahm die britische Regierung allerdings von unverzüglichen und unabhängigen Gesetzesmaßnahmen Abstand, zumal inzwischen auch die ILA zu der Auffassung gelangt war, daß nur eine internationale Konvention als geeignete Maßnahme in Betracht kommen könnte. Im Jahre 1922 beauftragte die ILA das Comité Maritime International (CMI), die erforderlichen Vorarbeiten einzuleiten[9]).

Das CMI, seinerzeit mit der Abfassung eines „Code International d'Affrètement“, einer umfassenden Kodifikation des internationalen Seefrachtrechtes, befaßt[10]), nahm sich anläßlich der Konferenz von London (9. bis 11. Oktober 1922) erstmalig der neuen Aufgabe an. Den Be-

---

[5]) Dies ist die erste Erscheinungsform der sogenannten „Paramount-Klausel“, die an späterer Stelle noch zu erörtern ist (vgl. unten S. 181 ff.).

[6]) Vgl. Wüstendörfer, HR, S. 5; Lebuhn, Linienkonnossement, S. 18 f.; Möller, Versicherung, S. 2092.

[7]) Der damalige CMI-Präsident Louis Franck gab anläßlich der Konferenz von Göteborg, 1923, noch nachträglich seiner Enttäuschung darüber Ausdruck, daß die Praxis die Haager Regeln nicht ebenso vorbehaltlos akzeptiert hatte wie die die Große Haverei regelnden „York-Antwerp-Rules“. Er kam zu dem Schluß „the only possible way of arriving at some international agreement is to embody the rules into an international Convention, accompanied or followed by national legislation“. (Vgl. CMI-Bulletin No. 65, S. 122 ff. (127); ferner Wolfe, Hague Rules, S. 7.)

[8]) Würdinger, S. 5.

[9]) CMI-Bulletin No. 65, S. VIII f.

[10]) Wüstendörfer, HR, S. 7.

ratungen lagen als sogenannter „texte proposé“ die englischen „Rules for the Carriage of Goods by Sea“[11]) zugrunde. Die Konferenz bestimmte einen Unterausschuß, dessen Arbeitsergebnisse alsdann im Plenum diskutiert wurden[12]). Der in London erarbeiteten Neufassung der Rules („texte adopté“)[13]) nahm sich bereits wenige Tage später die von der belgischen Regierung einberufene Diplomatische Seerechtskonferenz (18.—20. Oktober 1922) an. Die vertretenen Nationen beschlossen wiederum einige Änderungen[14]). Ihre endgültige Fassung erhielt die Konvention im Oktober 1923, nachdem eine hierfür eingesetzte Unterkommission der Diplomatischen Seerechtskonferenz letzte Streitpunkte geklärt hatte. Unter anderem entstand bei dieser Gelegenheit auf französische Initiative ein besonderes Zeichnungsprotokoll („Protocole de Signature“), demzufolge jedem Vertragsstaat (VSt) unter anderem das Recht eingeräumt wurde, das Abkommen, falls er ihm nicht in seinem Originalwortlaut Gesetzeskraft beilegen wollte, sinngemäß in sein nationales Recht einzuarbeiten.

Das „Internationale Übereinkommen zur einheitlichen Feststellung von Regeln über Konnossemente“ (IÜ)[15]) wurde schließlich am 25. August 1924 zur Zeichnung aufgelegt. Das IÜ, seines Ursprungs wegen in der Praxis weiterhin als „Haager Regeln“ bezeichnet, ist ein Kompromiß rivalisierender Interessen[16]), der jedoch den Belangen der Verlader stärker entgegenkommt als denjenigen der Reeder[17]).

II. Entstehungsgeschichte des Art. X IÜ[18])

Das Maritime Committee der International Law Association hatte es sich ursprünglich zur Aufgabe gemacht, einheitliche Konnossementsbedingungen zu entwerfen, die — frei vereinbart zwischen den Beteiligten maritimer Transportverträge — zu einer internationalen Rechtsvereinheitlichung und Rechtsfestigung führen sollten. Einer Vorschrift über den Anwendungsbereich bedurfte es daher in den originären „Haager

[11]) Der Text der „Haager Regeln“, der „Rules for the Carriage of Goods by Sea“ sowie der Wortlaut nachfolgender Vorschläge und Konventionsentwürfe und ferner der endgültige Wortlaut des Internationalen Übereinkommens aus dem Jahre 1924 finden sich in englischer und französischer Sprache im CMI-Bulletin No. 65, S. 320 ff.

[12]) CMI-Bulletin No. 57, S. 313 ff. u. 446 ff.

[13]) CMI-Bulletin No. 65, S. 375.

[14]) A. a. O., S. 385 ff. und 396 ff.; ferner: Conférence Internationale, S. 40 ff.

[15]) A. a. O., S. 407 ff.

[16]) Report of the British Delegates, S. 68; Offerhaus, Carriers Liability, S. 3 f.; Dumont, S. 87.

[17]) Wüstendörfer, Gutachten, S. 930.

[18]) Vgl. hierzu auch Stödter, Statutenkollision, S. 223 ff.

Regeln"[19]) nicht. Die Regeln enthalten auch sonst keine Bestimmung, die derjenigen des Art. X IÜ vergleichbar sind oder mit dessen Entstehung zusammenhängen. Das gleiche gilt für die in England in Fortentwicklung der HR entworfenen „Rules for the Carriage of Goods by Sea"[20]). Wenngleich zur Zeit, zu der sie entstanden waren, schon die Erkenntnis vorherrschte, daß nur eine Regelung im Wege einer internationalen Konvention zufriedenstellende Resultate hervorbringen könnte, kam es doch den an dem Entwurf beteiligten britischen Wirtschaftskreisen vorerst nur auf die Abstimmung des materiellen Inhalts einer solchen Vereinbarung an.

Der beabsichtigte Anwendungsbereich einer zu schaffenden Konvention ist erstmalig in dem „Draft of International Convention for the Unification of Certain Rules for the Carriage of Goods by Sea" bezeichnet worden[21]). Obwohl sachlich mit den englischen „Rules" identisch, enthält dieser, der Londoner CMI-Konferenz, 1922, als Arbeitsgrundlage übermittelte Entwurf in den Artikeln IX bis XVII einige Bestimmungen überwiegend formalen Charakters. Artikel IX lautet:

> „The provisions of this Convention shall be applied in every contracting State when either of the parties interested belongs to another Contracting State and also in all other cases provided by the national legislations.
>
> However:
>
> 1) The principle enunciated in the preceding paragraph does not prejudice the right of the Contracting States not to apply the provisions of this Convention in favour of parties belonging to a non Contracting State.
>
> 2) When all the interested parties belong to the same State as the Court to which the case is submitted it is the municipal law and not the Convention which is applicable."

Die Artikel IX ff. waren dem Entwurf offenbar durch das Antwerpener Sekretariat des CMI angefügt worden. Im Gegensatz zu dem Entwurf endete der in London angenommene und der Diplomatischen Seerechtskonferenz zugeleitete neue Entwurf[22]) wiederum mit der materiellen Bestimmung des Art. VIII. Darüber, ob die Regelung des Anwendungsbereiches wie überhaupt die Redaktion des mehr formalen Teils der Konvention im Verlauf der Londoner CMI-Tagung zurückgestellt worden war, oder ob gar der vorgeschlagene Art. IX aus sachlichen Erwägungen der Ablehnung verfallen war, geben die Konferenzberichte keinen Aufschluß. Die Darstellung der Vorgänge im Bulletin No. 57 des CMI (Con-

---

[19]) Bulletin No. 65, S. 320 ff.

[20]) A. a. O., S. 339 ff.

[21]) A. a. O., S. 362 ff. (370).

[22]) A. a. O., S. 375 ff.

férence de Londres, 1922)[23]) läßt darauf schließen, daß eine Erörterung der Bestimmung im Plenum überhaupt nicht stattgefunden hat. Inwieweit die Beratungen im Unterausschuß ausschlaggebend waren, ist in Ermangelung eines verbalen Protokolls nicht mehr feststellbar. Der Anwendungsbereich, bzw. die Entwurfsvorschrift des Art. IX wurde — wie sich aus dem Report weiter ergibt — auch in den abschließenden Verhandlungen der Unterausschuß-Ergebnisse im Plenum der Versammlung nicht erwähnt. Art. IX des „texte proposé“ der Londoner Konferenz kam schließlich auch in späteren Stadien der Entwicklung des IÜ's nie wieder ins Gespräch.

Erneut angesprochen wurde der Anwendungsbereich der zu schaffenden Konvention erst wieder auf der Brüsseler Diplomatischen Seerechtskonferenz 1922, und zwar gelegentlich der abschließenden Beratungen des IÜ-Entwurfes[24]). Der britische Delegierte, Sir Leslie Scott, bedeutete damals der Versammlung, daß der IÜ-Entwurf über die sehr wesentliche Frage seines Anwendungsbereiches bislang nichts verlauten ließe[25]). Namens der britischen Delegation schlug er vor, dem Entwurf folgende Regel anzufügen:

> „Les présentes règles auront effet pour et à raison du transport de manchandises par des navires de mer transportant des manchandises d'un port situé dans un Etat contractant à tout autre port quelconque situé sur le territoire de ce pays ou ailleurs, chaque fois que l'une des parties, intéressées est sujet ou citoyen d'un autre Etat contractant.“

Der Präsident der Konferenz, Louis Franck, sagte die Prüfung dieses Vorschlages zu, dessen Anlehnung an das Beispiel des Art. 12 des seinerzeit ebenfalls in Brüssel verhandelten Reederhaftungsabkommens, 1924, unverkennbar ist[26]). Die von der Konferenz eingesetzte Unterkommission, der es oblag, Detailfragen zu untersuchen, hat sich — wie die Protokolle erkennen lassen — mit dem Anwendungsbereich offenbar nicht befaßt und konnte sich, da sie bereits zu einem früheren Zeitpunkt[27]) zusammengetreten war, der Anregung Scott's auch gar nicht annehmen. Allein

[23]) S. 313 ff. und 446 ff.

[24]) 7. Vollversammlung am 25. 10. 1922, vgl. Conférence International, S. 40 ff. (153).

[25]) Es ist daher sicherlich nicht richtig, wenn Ripert, der an allen Verhandlungen, die zum internationalen Übereinkommen führten, teilgenommen hat, ausführt (II, S. 261), die Urheber der Konvention hätten das Problem des Anwendungsbereiches überhaupt nicht gesehen. Der Verlauf der Verhandlungen in den verschiedenen Gremien spricht dagegen. Das Problem ist nur in seinem wahren Umfang verkannt worden. An anderer Stelle (Conférence, S. 55 u. 65) führt Ripert selber aus, daß die Brüsseler Konferenz 1922 in Art. IX (jetzt X) Fragen der Anwendung des internationalen Übereinkommens hatte regeln wollen, dabei aber erhebliche Schwierigkeiten zu überwinden gehabt hätte.

[26]) Vgl. DVIS Materialien, S. 10.

[27]) 19., 20., 21. und 23. Oktober 1922.

der später publizierte Bericht der Unterkommission[28]) enthält folgenden, offenbar für das Redaktionskomitee bestimmten Hinweis[29]):

„Rappelons enfin la suggestion faite par la Délégation anglaise en ce que concerne la nécessité de délimiter exactement le champ d'action de la convention à intervenir."

Das Resultat der Konferenz, die „Base d'une Convention Internationale pour l'unification de certaines règles en matière de connaissement" schließt mit einem Art. IX, der inhaltlich mit dem Art. X der endgültigen IÜ-Fassung[30]) übereinstimmt.

Welche Gründe dafür ausschlaggebend waren, die britische Anregung zu verwerfen, und welche Überlegungen 1922 dazu führten, dem Art. IX seine später als Art. X in das IÜ übernommene Fassung zu geben, ist an keiner Stelle der Konferenzdokumente erläutert worden. Es läßt sich nur vermuten, daß die Bestimmung im Redaktionskomitee entstanden ist, über dessen Verhandlungen Niederschriften oder Berichte nicht vorliegen. Offenbar hat die neu geschaffene Vorschrift selbst bei den Beteiligten Überraschung ausgelöst. So wird in dem Bericht der britischen Delegation, der Art. IX des Brüsseler Entwurfs wie folgt kommentiert:

„This is a new article. Under it, the convention applies to all bills of lading issued in any of the contracting states. We are of opinion that this article was not definitely accepted by the Conference, and at the time of signing the President's attention was called to the matter. It was explained that we could only accept the article on condition that it is authoritatively explained in the „Rapport" of the conference as only applying to bills of lading in which a national of a foreign state is interested, and not to cases in which (for example) all the parties concerned are British. It is presumed that the point will be dealt with in the documents of the conference which have not yet been received from the Belgian Government[31])[32]).

Die an der Diplomatischen Konferenz des Jahres 1922 beteiligten Staaten hatten Gelegenheit, sich vor dem Zusammentreten der mit der weiteren Behandlung des Entwurfes betrauten Unterkommission im Herbst 1923 zu dem Entwurf zu äußern. Art. IX wird lediglich in der norwegischen Stellungnahme angesprochen, und auch dort nur in dem Sinne, daß der Küstenverkehr dem Rahmen eines Internationalen Über-

---

[28]) Conférence Internationale, S. 207 ff.

[29]) A. a. O., S. 213.

[30]) „The provisions of this convention shall apply to all bills of lading issued in any of the contracting States." (Vgl. CMI-Bulletin No. 65, S. 431.)

[31]) Report of British Delegates, S. 23.

[32]) Die später publizierten Konferenzdokumente entsprechen — wie dargelegt — nicht der Annahme der britischen Delegation und gaben nicht den gewünschten Aufschluß.

einkommens nicht unterfallen sollte[33]). In der Unterkommission selbst wandte sich allerdings der französische Delegierte George Ripert ausdrücklich gegen die ihm „nicht eindeutig" erscheinende Vorschrift des Art. IX und bezeichnete sie als unannehmbar, weil ihr zufolge die Regeln auch auf die Vertragsbeziehungen von Staatsangehörigen ein und desselben Staates anzuwenden wären[34]). Der Präsident der Versammlung, der Belgier Louis Franck, antwortete, daß die Mitgestaltung des nationalen Rechts die zwangsläufige, natürliche und auch gewollte Folge dieses internationalen Übereinkommens wäre. Praktisch dürfte es keinen Unterschied machen, ob in Frankreich einem Franzosen oder einem Ausländer ein Konnossement gegeben wird.

Art. IX bleibt im weiteren Verlauf der Gespräche und selbst in dem abschließenden Bericht, den Louis Franck den Delegierten gibt[35]), unerwähnt. Inhaltlich unverändert gelangte die erwähnte Vorschrift als Art. X in den endgültigen Entwurf und schließlich in das Internationale Übereinkommen selbst.

III. Entstehung des Zeichnungsprotokolls

Die Konferenz der Unterkommission ist noch in anderer Hinsicht für die Untersuchung des Normenzweckes von Art. X IÜ von Bedeutung: Unter Führung des Franzosen Ripert[36]) strebten die kontinentalen Delegierten eine grundlegende Umarbeitung des Brüsseler Entwurfes 1922 an. Dies geschah nicht etwa in der Absicht, das Vereinheitlichungsvorhaben zu verzögern oder gar zu Fall zu bringen, sondern aus der Befürchtung heraus, die an eine andersartige Gesetzesauffassung gewohnten kontinental-europäischen Parlamente könnten sich der Annahme eines internationalen Übereinkommens widersetzen, das an Stelle der gewohnten abstrakten Regeln kasuistisch und enumerativ alle voraussehbaren Tatbestände abhandelt[37]). Es wurde zugleich auf die Gefahr unterschiedlicher Auslegung des IÜ's hingewiesen.

Eine weitgehende Überarbeitung des IÜ's ließ sich naturgemäß in einem so fortgeschrittenen Stadium der Entwicklung nicht mehr erreichen. Die angelsächsische Gruppe verwahrte sich nachdrücklich gegen jede grundlegende Änderung des Entwurfes. Der zwangsläufige Kompromiß wurde

---

[33]) Conférence Internationale (Subcomission), S. 19 ff. (22).

[34]) A. a. O., S. 38 f. und 81.

[35]) A. a. O., S. 120 ff.

[36]) Vgl. a. a. O., S. 36 ff., ferner Ripert, II, S. 255, 261 und Commission, S. 55 ff.; Offerhaus, Liability, S. 7.

[37]) Die HR und später das IÜ wurden wegen ihrer Sprache, ihres Stiles und auch ihres Inhalts — insbes. von seiten der kontinentalen Jurisprudenz mit z. T.

durch die Bemerkung des schwedischen Delegierten B a g g e[38]) eingeleitet, der Vertragszweck könnte auch dann erreicht werden, wenn sich die VSten bemühen würden, bei einer nur sinngemäßen Rezeption den gedanklichen Inhalt der Regeln „loyal“ zu transformieren, eine Aufgabe, die ungeachtet aller tatsächlich gegebenen Bereitschaft sich später als nicht erfüllbar erweisen sollte. So entstand schließlich das Zeichnungsprotokoll und mit ihm das Wahlrecht der VSten, das IÜ entweder — wie es bei internationalen Verträgen üblich ist — in seinem Originalwortlaut mit Gesetzeskraft auszustatten oder seine Regeln in einer dem nationalen Recht angepaßten Form in das autonome Landesrecht einzuführen.

---

aggressiv vorgetragener, heftiger, ja sogar vernichtender Kritik bedacht. Die Gegensätze kontinentaler und angelsächsischer Rechtsmethodik führten bereits während der ILA-Beratungen im Sommer 1921 zu Kontroversen (ILA 30th Report, S. 74 f. u. 143 ff.). Kritik an der Form des IÜ-Entwurfs übten auch die Vertreter N o r w e g e n s, S c h w e d e n s und D e u t s c h l a n d s vor und während der Londoner CMI-Konferenz 1922 (CMI-Bulletin No. 57, S. 58, 193 und 426). Der Kritik entgegengetreten ist Sir Norman H i l l (S. 45 f.). In Deutschland hat seine Skepsis vor allem W ü s t e n d ö r f e r (HR, S. 7, Schutzzweck, S. 50, Gutachten, S. 930 f., Reform, S. 33), zum Ausdruck gebracht, der das IÜ als schwerfällig, unklar, unübersichtlich, weitschweifig monströs, widerspruchsvoll und voller Wiederholungen charakterisiert, „gleichsam, als müßte der Leser wegen schwerer Gedankenlosigkeit immer wieder an das schon Gesagte erinnert werden“. Vgl. ferner die Darstellung bei S t ö d t e r, Konnessementsklauseln, S. 67 ff.; M a r k i a n o s, S. 26 f.; G ü t s c h o w, Sp. 889. — Den stärksten Angriffen waren die HR und das IÜ von französischer Seite ausgesetzt. R i p e r t (I., S. 71 ff., II, S. 252, 259 f., Précis, S. 276 f., Commission, S. 56), der die Regeln als „les unes inutiles et les autre gênantes“ bezeichnet wird in der Schärfe seiner Betrachtungsweise nur noch von S a u v a g e (La mort, S. 527) überboten: „Les règles . . . étaient rédigées dans un style, qui eût été a peine admissible chez un candidat du certificat d'études primaires“; vgl. auch G o v a r e, S. 80 f.; ferner D u m o n t, S. 81; v a n B l a d e l, S. 16; S m e e s t e r s - W i n k e l m o l e n II, S. 216; S t r a n d g a a r d, S. 18 ff.; O f f e r h a u s, Liability, S. 5. — Auch im anglo-amerikanischen Rechtsbereich wurden kritische Stimmen laut: vgl. z. B. G r a v e s o n, Bills of Lading, S. 66 f.; Y i a n n o p o u l o s, Conflicts, S. 614 mit Hinweis auf ein kritisierendes Memorandum des US-State Department v. 5. 6. 1937. — Unbeschadet aller tatsächlich vorhandenen Mängel ist die Bedeutung und der Nutzen des IÜ's in der neueren Literatur allgemein anerkannt.

[38]) Conférence Internationale (Subcommission), S. 37.

Zweiter Teil

INTERPRETATION DES ART. X IÜ

I. Einführung

Art. X IÜ hat in der ersten Zeit nach der Verabschiedung der Konvention nur selten das Interesse der Gerichte und Schiffahrtjuristen auf sich gezogen. Es bestand auch wenig Veranlassung, der Bedeutung dieser Vorschrift, die die rechtlichen Beziehungen der Vertragsparteien des Seefrachtgeschäftes nicht unmittelbar zu berühren schien, nachzugehen. Erst geraume Zeit später, nachdem die VSten — zumeist unter Ausnutzung der ihnen durch das Zeichnungsprotokoll eingeräumten Möglichkeit, den Inhalt der Konvention in einer dem nationalen Recht gemäßen Form zu rezipieren (Anpassungsklausel) — dem internationalen Übereinkommen Wirksamkeit verliehen hatten und sich nicht nur bezüglich des materiellrechtlichen Inhaltes, sondern auch über Fragen der Reichweite des IÜ's unterschiedliche Standpunkte abgezeichnet hatten, suchte man den authentischen Willen der Urheber des IÜ's zu ergründen. Hierbei glaubte man Aufschluß auch in Art. X IÜ finden zu können.

Die Anwendungsprobleme im Zusammenhang mit Art. X IÜ hatten einen doppelten Aspekt: Wider Erwarten erwies sich zunächst, daß nicht alle schiffahrt- und handeltreibenden Nationen willens waren, dem IÜ beizutreten und ihr nationales Seetransportrecht im Interesse eines internationalen Reglements aufzugeben. Infolgedessen wurde es in der Rechtspraxis der VSten vielfach notwendig, den Geltungsbereich der HR-Gesetzgebung im Verhältnis zu den Nichtvertragsstaaten (NVSten) abzugrenzen. Zum anderen verursachte die nur sinngemäße Einarbeitung des IÜ's mehr oder minder schwerwiegende Rechtsunterschiede innerhalb der Gemeinschaft der VSten[39]), deren IÜ-Gesetze folglich ebenfalls zueinander abgegrenzt werden mußten. Vor allem die nicht funktionsfähige Goldklausel des Art. IX IÜ führte dazu, daß die Höchsthaftungssummen, die

[39]) Bereits die Redaktion der nationalen IÜ-Gesetze beeinflußte die zukünftige Interpretation (Ripert, Commission, S. 55 ff. [57]); vgl. hierzu Markianos, S. 63 ff.

in den verschiedenen VSten festgesetzt wurden, beträchtlich voneinander abwichen[40]). Es stellte sich also nicht nur von Fall zu Fall die Frage, ob das IÜ überhaupt anzuwenden ist, sondern es mußte ferner entschieden werden, welches HR-Gesetz, also welche nationale Abwandlung des IÜ's zum Zuge kommen sollte. Die erreichte Rechtsvereinheitlichung war also nicht nur eine räumlich beschränkte, sie war darüber hinaus auch dort, wo sie Einzug gehalten hatte, im Stadium der Rechtsangleichung steckengeblieben.

Der Schlüssel zur Lösung der nicht vorhergesehenen Schwierigkeiten wurde weitgehend in Art. X IÜ gesucht. Man glaubte also, Art. X IÜ als eine den Anwendungsbereich regelnde Vorschrift qualifizieren zu können, die darüber hinaus — nämlich im Verhältnis der VSten zueinander — den Charakter einer international-privatrechtlichen Kollisionsnorm hat.

Im folgenden soll daher zunächst untersucht werden, ob und — gegebenenfalls — inwieweit es tatsächlich Aufgabe des Art. X IÜ ist, Konfliktfälle der erwähnten Art zu lösen oder welche anderweitige Funktion dieser Norm ursprünglich zugedacht worden war.

II. Ist Art. X IÜ eine den Anwendungsbereich des IÜ's regelnde Norm?

Die ratio legis, der Gesetzessinn des Art. X IÜ, ergibt sich — wie dargelegt — aus seiner Entstehungsgeschichte nicht ohne weiteres. Das vorhandene Dokumentenmaterial und die Konferenzberichte vermitteln an keiner Stelle letzten Aufschluß über die der Vorschrift zugrunde liegende gesetzgeberische Absicht. Dennoch erlaubt die Historie in Verbindung mit den übermittelten Äußerungen einiger an den Beratungen beteiligter Persönlichkeiten genügend sichere Rückschlüsse auf den Normenzweck.

Nachdem das Vorhaben, einheitliche Bedingungen für Seefrachtverträge zu schaffen, als nicht verwirklichungsfähig abgetan war, entstand bekanntlich der Gedanke, die am Seefrachtgeschäft beteiligten Nationen im Wege einer internationalen Konvention zur Annahme eines uniformen Seetransportgesetzes zu bewegen. Man rechnete damit, daß alsbald nicht nur die seeschiffahrttreibenden, sondern ausnahmslos alle am internationalen, überseeischen Handel beteiligten Nationen ein solches Übereinkommen akzeptieren würden, so daß nach gewisser Anlaufzeit schlechthin jedes Konnossement in einem VSt ausgestellt worden wäre[41]). Der Prä-

---

[40]) Vgl. hierzu unten S. 111.

[41]) Ripert II, S. 262; Niboyet, Rapport, S. 421 f.: „En tout cas, les auteurs de la Convention de Bruxelles pensaient que les règles qu'y sont édictées passeraient, sans modification sensibles, dans toutes les lois nationales." Suc,

sident der Diplomatischen Seerechtskonferenzen 1922 und 1923, der Belgier Louis Franck, betonte noch im Verlauf der Beratungen der Brüsseler Unterkommission 1923, also in der letzten Entwicklungsphase des internationalen Übereinkommens, daß es unbedingt nötig wäre, ein einheitliches, sämtliche Konnossemente erfassendes Recht zu schaffen, „qu'il ne dépend pas entièrement de la volonté des parties, mais qu'il soit contrôlé par des lois qui auront un caractère obligatoire, un caractère d'ordre public“[42]).

Von dieser seinerzeit vorhandenen Vorstellung ausgehend, ist freilich festzustellen, daß eine den Anwendungsbereich der Konvention abgrenzende Bestimmung überhaupt nicht erforderlich war. Die Idee einer sich über alle in Betracht kommenden Staaten erstreckenden Einheitsgesetzgebung schließt den Gedanken einer Grenzziehung zwischen VSten und NVSten zwangsläufig aus. Da schon zur Zeit der Vorarbeiten an dem IÜ sämtliche an dem Seehandel beteiligten Nationen als zukünftige Konventionspartner gewertet wurden, konnten nur solche Nationen als NVSten verbleiben, zu denen es keiner Abgrenzung bedurfte. So gesehen erklärt sich auch ohne weiteres, daß der Entwurf einer ganz offensichtlich den Anwendungsbereich behandelnden Vorschrift, wie sie Art. IX des der Londoner Konferenz übermittelten IÜ-Entwurfes enthielt[43]) — ersatzlos — der Ablehnung verfiel und daß die Anregung, die Sir Leslie Scott der Brüsseler Konferenz 1922 namens der britischen Delegation zuteil werden ließ[44]), nicht aufgegriffen wurde. Die Ablehnungsgründe sind zwar in den zugänglichen Materialien nirgendwo aufgeführt. Es ist indessen erkennbar, daß die Konzeption, zu der man gelangt war, irgendeine, mit der Anwendung des zu schaffenden IÜ's im Zusammenhang stehende Vorschrift, speziell einen Vorbehalt für Angehörige von NVSten, überflüssig machte. Die im Schrifttum wiederholt vertretene Meinung, es handele sich bei Art. X IÜ um eine Bestimmung über den Anwendungsbereich der Konvention im Sinne einer Abgrenzung zwischen VSt und NVSt[45]), erweist sich — so gesehen — als nicht stichhaltig. Mit dieser Feststellung ist freilich nicht gesagt, daß Art. X IÜ, dessen wirkliche Bedeutung noch festzustellen sein wird, in gar keinem Zusammenhang mit anderen, die Anwendung der Konvention betreffenden Fragen

---

Uniform, S. 63; CMI-Doc. Con. 6 (Norwegen); Sauvage, S. 128; Guyon, Les transports, S. 131: „Une loi uniforme applicable, dans tous les Etats, aussi bien dans les rapports internes que dans les relations internationales.“

[42]) Conférence Internationale (Subcommission), S. 118.

[43]) Vgl. oben S. 4.

[44]) Vgl. oben S. 5.

[45]) Van Bladel, S. 38; Suc, Uniform, S. 63 Anm. 2; Doc. Con 1 (CMI); Doc. Con 3 (Schweden); Doc. Con 8 (USA); vgl. ferner: Morris/Cheshire, S. 329.

steht. Sie bedeutet ferner nicht, daß Art. X IÜ als Ansatzpunkt einer zukünftigen Regelung des Anwendungsbereiches auszuscheiden hat.

III. Ist Art. X IÜ eine international-privatrechtliche Kollisionsnorm?

Es bedarf weiter eines Eingehens auf diejenigen Stellungnahmen, die Art. X IÜ als international-privatrechtliche Kollisionsnorm qualifizieren wollen[46])[47]).

Die herrschende Lehre unterscheidet — von hier belanglosen Zwischenstufen abgesehen — ein- und zweiseitige Kollisionsnormen. Erstere sagen nur über die Anwendung der Rechtsordnung, der sie angehören, also der lex fori, etwas aus. Zweiseitige Kollisionsnormen dagegen verhalten sich sowohl zum heimischen Recht als auch zu anderen Rechtsordnungen[48]).

Offerhaus[49]) erörtert zunächst, ob die Gerichte in den VSten zufolge des Art. X IÜ gehalten sind, jeweils das Recht des Ausstellungsortes des Konnossementes anzuwenden. Er stellt zutreffend fest, daß Art. X IÜ weder sinngemäß noch ausdrücklich eine derartige Verpflichtung statuiert und schließt mithin das Vorhandensein einer zweiseitigen Kollisionsnorm aus. Er gelangt jedoch zu dem Schluß, jeder VSt habe auf Grund des Art. X IÜ seine HR-Gesetzgebung auf ausgehende Ladungen anzuwenden. Wörtlich fügt er hinzu:

> „There is a bundle of legal X-rays radiating from every Hague-Rules port. For each Contracting State article X is a one-sided conflicts-rule."

Der Meinung Offerhaus', es handele sich bei Art. X IÜ um eine einseitige, in allen VSten geltende Kollisionsnorm, kann aus mehreren Erwägungen nicht gefolgt werden: Offerhaus spricht von ausgehenden Ladungen. Art. X IÜ dagegen befaßt sich mit den in VSten ausgestellten Konnossementen. Dieser Unterschied in der Anknüpfung ist in der Regel, d. h., wenn das Konnossement nicht in einem anderen als dem Abgangsland ausgestellt ist, ohne praktische Bedeutung und kann daher hingenommen werden. Seine Feststellung hingegen, „Article X only says that a Contracting State has to apply its own Hague-Rules law to outward

---

46) Offerhaus, Conflict, S. 606 u. 613; ferner Dubosc, S. 214; Aubrun, S. 184.

47) Die besondere Situation in Frankreich und Italien, die die dortige Jurisprudenz versuchen ließ, mit Hilfe des Art. X die Kollision zwischen nicht vollständig harmonisierenden nationalen Seetransport-Gesetzen und der Konvention zu lösen, wird an späterer Stelle behandelt. (Vgl. unten S. 77 ff. u. 86.)

48) Raape, S. 33.

49) A. a. O., S. 606.

cargo"[50]) findet im Wortlaut des Art. X IÜ keine Stütze. Sie wird durch einen Hinweis darauf, daß tatsächlich einige bedeutende Schiffahrtsnationen wie z. B. England[51]) und die Niederlande[52]) ihr nationales HR-Gesetz auf alle ausgehenden Transporte für anwendbar erklärt haben, nicht schlüssiger. Das sachliche Recht, auf das Art X IÜ verweist, ist das Recht des Abkommens und nicht eine nationale Version desselben. Die Anordnung, die Art. X IÜ enthält, kann, wie Stödter[53]) hervorhebt, in Anbetracht der Tatsache, daß viele Nationen von der Anpassungsklausel Gebrauch gemacht und die Regeln nur ihrem gedanklichen Inhalt nach akzeptiert haben, nicht als eine Entscheidung darüber verstanden werden, welche dieser staatlichen Rechtsordnungen zum Zuge kommen soll, etwa diejenige des Ausstellungsortes oder des Gerichtsortes oder eine andere denkbare.

Offerhaus' Gedanke, den Begriff „Abkommen" mit „nationaler HR-Gesetzgebung" gleichzusetzen, könnte nur dann zulässig und folgerichtig sein, wenn sich aus der Geschichte der HR, insbesondere derjenigen des Art. X, belegen ließe, daß man bereits z. Z. der Redaktion des IÜ's mit der Möglichkeit von Rechtsabweichungen innerhalb des Kreises der VSten gerechnet hatte. Dies ist indessen nicht der Fall[54]). Die Regeln sollten — so erwartete man es jedenfalls — übereinstimmend in allen VSten Gesetz werden. Diese Erwartung bestand noch fort, nachdem man sich im letzten Entwicklungsstadium des IÜ's auf die Anpassungsklausel im Zeichnungsprotokoll geeinigt hatte. Aus damaliger Sicht konnte es niemals von Belang sein, ob im Falle eines internationalen Transportes die HR des Verschiffungs- oder Bestimmungslandes oder eines sonstigen Staates zum Zuge kommen würden. In der Vorstellung seiner Verfasser konnte es im Regelungsgebiet des IÜ's den Fall einer Kollision der Rechtsordnung eines VStes mit derjenigen eines anderen überhaupt nicht geben. Die Einfügung einer Kollisionsnorm in das IÜ war daher weder notwendig noch beabsichtigt[55]). Gerade das Gegenteil ist, wie Ripert[56]) berichtet, zutreffend. Denn die Vielzahl der seinerzeit praktisch gewordenen Fälle der Statutenkollision und die Schwierigkeit, sie angemessen zu lösen, war mit ein Grund, die Rechtsvereinheitlichung auf dem Gebiete des Seefrachtrechtes mit Vorrang zu betreiben. Gegen die Richtigkeit der Annahme Offerhaus' spricht schließlich ganz generell, daß die Auf-

---

50) A. a. O., S. 606.
51) Sec. 1 der englischen COGSA.
52) Art. 517 d WvK.
53) Statutenkollision, S. 222 f.
54) Vgl. oben Anm. 41.
55) Suc, Uniform, S. 63.
56) Bd. II, S. 255.

nahme einer Kollisionsnorm in ein internationales Übereinkommen[57]) etwas Widersinniges ist. Der Zweck des Vertrages liegt doch gerade darin, die Rechtsvorschriften, die sich auf den Gegenstand der Konvention beziehen, in allen VSten zu vereinheitlichen. Die Bereitstellung von Kollisionsnormen im IÜ käme in bezug auf das Vereinheitlichungsvorhaben einer vorweggenommenen Bankrotterklärung gleich. Es ist zwar möglich, auch Kollisionsnormen im Wege einer internationalen Konvention zu vereinheitlichen, eine Maßnahme, die der materiellen Rechtsvereinheitlichung als Vorstufe vorangehen kann[58]). Wenn man sich jedoch entschließt, das materielle Recht im Wege zwischenstaatlicher Abmachungen zu vereinheitlichen, ist eine gewöhnliche Kollisionsnorm nicht mehr am Platze[59])[60]).

Internationale Konventionen haben mit internationalem Privatrecht (IPR) nichts zu tun. Das IPR ist in jedem Staate nationales Recht. Eine Konvention hingegen ist internationales Recht und dazu bestimmt, den Rechtskonflikt unmittelbar zu lösen[61]).

IV. Andere denkbare Interpretationen des Art. X IÜ

Welche Überlegung kann es daher wirklich gewesen sein, die die Londoner CMI-Konferenz 1922 veranlaßte, dem alten Stamme der HR-Bestimmungen die Regel des Art. X (damals IX) anzufügen?

---

[57]) Zum Thema Rechtsvereinheitlichung und Internationales Privatrecht vgl. auch Chauveau Conventions, S. 572 ff.; ferner speziell für das Seerecht Wüstendörfer, Leistungen, S. 450 ff.

[58]) Z. B. Haager Abkommen über Kaufverträge internationalen Charakters (Convention sur les conflits de lois en matière de vente d'objets mobiliers corporels, 1951). Text dieses noch nicht in Kraft getretenen Abkommens in „Revue critique de droit international privé, 1951, S. 725 ff. — vgl. ferner Rabel, Rules, S. 127 ff.; Raape, S. 438 f. und 485 ff.

[59]) Zu dem Ergebnis, daß Art. X IÜ „keinen faßbaren kollisionsrechtlichen Gehalt hat", gelangte mit anderer Begründung auch Stödter, Statutenkollision, S. 230.

[60]) Eine andere, durch die These Offerhaus' aufgeworfene, an dieser Stelle aber nicht weiter interessierende Frage ist es allerdings, inwieweit die unabhängig oder in beabsichtigter Übereinstimmung mit Art. X IÜ erlassenen Vorschriften über den Anwendungsbereich in den nationalen Einführungsgesetzen zum IÜ als nationale Kollisionsnormen angesehen werden können. Vgl. unten S. 34.

[61]) Chauveau, S. 570 — Daß das IÜ durch die Anpassungsklausel des Zeichnungsprotokolls — vgl. oben S. 7 — ein „mixtum compositum", nämlich ein Gesetzeswerk teils nationaler, teils internationaler Art geworden ist, ist in dem hier interessierenden Zusammenhang ohne Bedeutung.

1. Art. X IÜ als Vorbehaltsklausel

Richtungweisend könnte insofern die schon zitierte Bemerkung Louis Franck's sein[62]), die Regeln müßten in den VSten nicht nur als obligatorische Vorschriften gelten sondern darüber hinaus den Rang von ordre public-Vorschriften erhalten.

In fast allen präsumtiven VSten galt damals bereits das Prinzip der Parteiautonomie im Schuldrecht. Den Parteien eines Seefrachtgeschäftes wäre es in diesen Ländern also grundsätzlich möglich gewesen, die Bestimmungen des IÜ's einvernehmlich auszuschalten und an ihre Stelle ihnen genehmere, frei stipulierte Vertragsbedingungen zu setzen. Letztere Möglichkeit war zwar bereits durch Art. III (8) IÜ[63]) weitgehend ausgeschaltet, so daß Art. X — soweit er den obligatorischen Charakter der Regeln anordnet — im wesentlichen nur deklaratorische Bedeutung hätte zukommen können.

Von größerer Tragweite ist jedoch der Umstand, daß die Delegierten der Diplomatischen Konferenz — wie sich aus der unwidersprochen gebliebenen Meinung ihres Präsidenten ergibt — beabsichtigten, den VSten aufzuerlegen, das IÜ als zum ordre public gehörig anzusehen, seinen Inhalt also als im Interesse der Staatsräson unabdingbar zu gestalten[64]). Dies geschah nicht nur in der Absicht, die Bedeutung des IÜ's besonders zu dokumentieren, sondern entsprach auch einer praktischen Notwendigkeit, wie sich aus folgender Überlegung ergibt:

Die zivilrechtliche Gestaltungsfreiheit der vertragschließenden Parteien, die Parteiautonomie, beschränkt sich nämlich im allgemeinen nicht auf den Bereich des nationalen Schuldrechtes, sondern erstreckt sich auch auf das Gebiet des internationalen Privatrechtes, soweit dieses das Obligationsrecht betrifft. Den Parteien eines Seefrachtvertrages steht es daher normalerweise frei, ihre kontraktlichen Beziehungen der Herrschaft einer anderen, von ihnen gewählten Rechtsordnung zu unterstellen. In den meisten Staaten erkennen die Gerichte eine solche Rechtswahl unbedingt an, andere setzen voraus, daß sie vernünftig ist, d. h., daß das Vertrags-

---

62) Vgl. oben S. 10 und Fußnote 42.

63) „Any clause, covenant or agreement in a contract of carriage relieving the carrier or the ship from liability for loss or damage to or in connection with goods arising from negligence, fault or failure in the duties and obligations provided in this Article or lessening such liability otherwise than as provided in these Rules, shall be null and void and of no effect."

64) Knauth, Bill of Lading, S. 162: „The Convention, Article 10, is a promise that each High Contracting Party will apply the Convention to every (ocean) bill of lading issued within its territory." Gleicher Ansicht Yiannopoulos, Conflicts, S. 616 Anm. 45. — Wahrscheinlicher dürfte es sein, daß sich das Versprechen sogar auf jedes in irgendeinem VSt ausgestelltes Konnossement bezog. (Vgl. Anm. 60.)

verhältnis in irgendeiner personellen, sachlichen oder räumlichen Beziehung zu dem Staate steht, dessen Recht für anwendbar erklärt wird[65]).

Die Gefahr bestand also, daß die an Seefrachtverträgen Beteiligten von der Befugnis, eine ihnen genehme Rechtswahl zu treffen, Gebrauch machen und auf eine andere Rechtsordnung ausweichen würden. Diese Befürchtung war real, obwohl man erwartete, alle handeltreibenden Staaten von Belang würden das IÜ akzeptieren. Die Vermeidung derart unerwünschter Ergebnisse, wiewohl auch die Absicht, die Bedeutung, die man dem Abkommen beimaß, durch eine Art „programmatischer Generalklausel" besonders herauszustreichen, dürften die Beweggründe dafür gewesen sein, Art. X dem IÜ anzufügen, dem Abkommen also „caractère d'ordre public" zu geben[66]). Art. X IÜ enthält demnach eine von allen VSten akzeptierte Vorbehaltsnorm, die allerdings in dieser Eigenschaft nach der international-privatrechtlichen Terminologie als besondere singuläre Kollisionsnorm angesehen werden könnte[67]).

Dieser Feststellung käme allerdings nur dann größere praktische Bedeutung zu, wenn das IÜ und damit auch Art. X IÜ in allen VSten als unmittelbar wirkendes Recht fortgelten würde. Nur dann wäre — wie Stödter[68]) hervorhebt — die Verweisung des Art. X auf „die Bestimmungen des Abkommens" rechtlich eindeutig und faßbar gewesen. Nur ganz wenige VSten haben jedoch darauf verzichtet, ein Anpassungsgesetz zu erlassen[69]). Die Ausnutzung der Befugnis, das IÜ sinngemäß in das nationale Recht einzuverleiben, mußte den Konventionscharakter des IÜ's zerstören. Nicht mehr die Konvention beherrscht die praktischen Transportvorgänge, sondern nationale Gesetze, die in der Art der getroffenen Regelung mehr oder weniger übereinstimmend sind, gelten in den meisten VSten.

---

[65]) Raape, S. 422 ff., insbes. S. 427 ff.; für den anglo-amerikanischen Rechtskreis vgl. Falconbridge, S. 406 ff.

[66]) Eine ordre public-Vorschrift sieht offenbar auch Frankenstein II, S. 513 in dem von ihm als „höchst anfechtbare Vorschrift" bezeichneten Art. X IÜ. Nach seiner Meinung muß das Abkommen auf *alle* in irgendeinem VSt ausgestellten Konnossemente angewendet werden. Auf Grund der Anpassungsklausel des Zeichnungsprotokolls entstandene nationale IÜ-Gesetze existierten damals (1929) noch kaum, so daß er die Frage unbeantwortet lassen konnte, ob das IÜ, so wie es am Bestimmungsort, am Ausstellungsort oder an einem anderen, mit dem Transport zusammenhängenden Ort gilt, angewendet werden soll. — Der Ansicht Frankenstein's folgt Capelle, Gutachten, S. 9.

[67]) Raape, S. 35 und 89.

[68]) Statutenkollision, S. 226.

[69]) Unmittelbar geltendes Recht dürfte Art. X nur in Frankreich und Italien (beschränkt auf internationale Transporte — vgl. unten S. 75 —) sowie ferner in Polen, Rumänien und Ungarn sein, die sich darauf beschränkt haben, das Abkommen zu ratifizieren oder ihm beizutreten.

Mit vollzogener Angleichung des Inhalts ihres nationalen Seerechts an die Bestimmungen des IÜ's hatten die VSten ihrer Vertragspflicht bereits genügt. Die Vertragspflicht war also im Falle des IÜ's eine einmalige und nicht — wie bei vergleichbaren Konventionen — eine permanente, bei der der VSt die Einhaltung der Konventionsgrundsätze in jedem praktischen Anwendungsfalle zu gewährleisten hat.

Dahingestellt bleiben soll hier allerdings die völkerrechtliche Frage, ob den „angleichenden" Staat eine Art vertraglicher „Nachbesserungspflicht" trifft, wenn sich später herausstellt, daß die Anpassung des nationalen Rechts an den Sinn der Konvention nicht in jeder Hinsicht gelungen oder gar unvollständig ist.

Für die These, daß die wesentliche Aufgabe von Art. X IÜ darin gesehen werden muß, den „ordre public"-Charakter der Regeln zu proklamieren, spricht die Tatsache, daß einige bedeutende VSten[70]) — allerdings ohne besondere Bezugnahme auf Art. X IÜ — ihre IÜ-Gesetze zu public policy- bzw. ordre public-Vorschriften erklärt haben.

2. Art. X IÜ als Auflage für die Vertragsstaaten, ihre Kollisionsnormen zu vereinheitlichen

Es wäre ebenso widersinnig, die VSten eines Abkommens, dessen Zweck es ist, materielle Rechtseinheit herbeizuführen, zum Erlaß einheitlicher, das Seefrachtrecht betreffender Kollisionsnormen anzuhalten, wie das Problem der eventuell auftretenden Statutenkollision in dem IÜ selbst regeln zu wollen[71]). Art. X dürfte daher keine derartige Auflage enthalten. Hieran kann auch die Tatsache nichts ändern, daß einige Bestimmungen in den nationalen IÜ-Gesetzen, die in gewollter oder vermeintlicher Anlehnung an Art. X entstanden sind, die Qualität von Kollisionsnormen haben[72]). Selbst bei diesen Staaten hatte sicherlich nicht die Absicht bestanden, Kollisionsnormen zu schaffen. Vielmehr waren es die z. T. beträchtlichen Gesetzes- und Auslegungsunterschiede, die sich innerhalb der Gemeinschaft der VSten erst später herausstellten[73]), die die

[70]) USA, Frankreich, Belgien.

[71]) Eine Deutung des Normenzwecks des Art. X IÜ im Sinne einer Auflage für die VSten, einheitliche Kollisionsnormen zu schaffen, wird auch von Stödter, Statutenkollision, S. 226 verworfen.

[72]) Vgl. z. B. sect. 1 brit. COGSA (siehe hierzu die Ausführungen unten S. 32 ff.) sowie die entsprechenden Bestimmungen der IÜ-Gesetze derjenigen Staaten, die sich an dem Muster der britischen Regelung orientiert haben.

[73]) „The nations have not adopted an uniform system of applying the Hague Rules. Many nations have not embodied them in their law at all, others differ in the way they have adopted them" sagt Justice Bateson in *„The St. Joseph"* ([1933] P. 119, 134); Graveson, Bills of Lading, S. 66, spricht zutreffend von dem IÜ als einer „uncertain basis of uniformity"; Astle (S. VI), einer der

Gerichte dieser Nationen vor die Notwendigkeit stellten, den Anwendungsbereich des IÜ's nicht nur den NVSten gegenüber abzugrenzen, sondern zugleich den Geltungsanspruch *ihres* nationalen IÜ-Gesetzes gegenüber demjenigen der Gesetze anderer VSten zu klären. — Die nationalen Vorschriften dieser Art sind also Zwittergebilde, nämlich sowohl Bestimmungen über den Anwendungsbereich als auch Kollisionsnormen.

3. Art. X IÜ als Relikt einer überholten Konzeption

Die Geschichte des Art. X IÜ zeigt, daß seine Väter wohl nicht beabsichtigt hatten, eine den Anwendungsbereich des IÜ's bezeichnende Norm im üblichen Sinne zu schaffen, weil es einer solchen ihrer zutreffenden Vorstellung nach auch nicht bedurfte. Eine gewöhnliche Kollisionsnorm zu schaffen, lag ihnen noch ferner. Die Bedeutung des Abkommens für die Weltwirtschaft in der Weise herauszustreichen, daß sie den VSten auferlegten, für die Unabdingbarkeit der Regeln zu sorgen, dürfte ihrer Absicht am ehesten entsprochen haben. Ein solcher Beweggrund wäre verständlich und gerechtfertigt gewesen, jedenfalls bis zu dem Moment, in dem man sich zur Auflockerung der Vertragspflichten durch das Zeichnungsprotokoll entschloß.

Aus heutiger Sicht ergibt sich klar, daß die Anfügung des Zeichnungsprotokolls hätte Veranlassung geben müssen, Art. X IÜ neu zu formulieren[74]). Es kann jedoch heute dahingestellt bleiben, ob es eine Verkennung der durch das Protokoll eingeleiteten Entwicklung, insbesondere des Auseinanderfallens der Gemeinschaft der VSten, psychologische Bedenken, das bereits vereinbarte anzutasten oder pure Zeitnot[75]) waren, die die Unterkommission von dieser Aufgabe abgehalten haben. Art. X IÜ blieb unverändert und ist somit das Überbleibsel einer rechtlich (Anhangs-

---

besten Kenner der internationalen HR-Gesetzgebung und der Rechtssprechung stellt fest: „It is apparent that whilst countries of the world continue to vary the wording of the Rules and omit certain Rules and add others which are not included in the Convention Rules, uniformity in its true sense cannot be brought about."

Aufschluß über die materiellen Rechtsunterschiede, die sich seit dem Inkrafttreten des IÜ's in den verschiedenen VSten herausgebildet haben, gibt vor allem die einzigartige rechtsvergleichende Darstellung von Markianos, insbes. S. 101 ff.; ferner St. Dor, S. 38 ff.

[74]) „This clause (Art. X) is appropriate to a convention, but not for a statute. Therefore it is omitted in the British Statute as are several other articles of the same nature". (Bemerkung des amerikanischen Richters Charles Hough, amerikanischer Delegierter auf der Brüsseler Seerechtskonferenz 1922 und 1923, — wiedergegeben bei Wolfe, Liability, S. 23.)

[75]) „Une modification de l'article X n'était plus possible à ce moment" meint Guyon, Les transports, S. 131.

protokoll) und faktisch (unvollständige Gemeinschaft der VSten) überholten Konzeption[76]).

V. Ergebnis

Die Erkenntnis, daß es sich bei Art. X IÜ um eine nicht praktikable Vorschrift handelt, ist nicht gleichbedeutend mit einer Feststellung dahingehend, daß die Norm für die Gegenwart jegliche Bedeutung verloren hat. In Verbindung mit ihrer Entstehungsgeschichte erlaubt sie u. a. vielmehr zwei Schlußfolgerungen, die für die Praxis und für die Reformarbeiten nicht unbedeutend sind:

a) Die Absicht der Verfasser ging dahin, dem IÜ den denkbar weitesten Anwendungsbereich zu verschaffen[77]).

b) Die Regeln sollten nicht nur zwingenden Charakter haben sondern in allen VSten als ordre public-Vorschriften gelten.

Schon an dieser Stelle der Untersuchung ist ferner festzuhalten, daß eine neu zu schaffende Bestimmung über den Anwendungsbereich des IÜ's ihren Platz in Art. X IÜ finden sollte. Art. X IÜ in seiner derzeitigen Fassung ist zwar keine Vorschrift über den Anwendungsbereich, dennoch ist das Wenige, was die Verfasser des IÜ's in bezug auf seine Anwendung glaubten sagen zu müssen, in Art. X IÜ niedergelegt.

---

[76]) Zu ähnlichen Schlußfolgerungen kommt Stödter, Statutenkollision, S. 226.

[77]) Guyon, Les transports, S. 133: „L'article X a un caractère très extensif: il montre que les rédacteurs souhaitaient donner à la Convention une compétence étendue au maximum."

Dritter Teil

TATSÄCHLICHER ANWENDUNGSBEREICH DES IÜ's

I. Gemeinschaft der Vertragsstaaten

1. Inkrafttreten des IÜ's

Die Konvention wurde am 25. August 1924 von 13 Staaten[78]) gezeichnet. Die Zeichnung selbst schuf keine unmittelbaren völkerrechtlichen Verbindlichkeiten. Die Delegierten der Zeichnerstaaten übernahmen es lediglich, ihren Regierungen zu empfehlen, das IÜ zu ratifizieren und zur Grundlage künftiger Gesetzgebungsakte zu machen[79]). VSten sind die Signatarstaaten, sofern sie das IÜ ratifiziert haben und ferner diejenigen Nichtsignatarstaaten, die der belgischen Regierung eine Beitrittserklärung haben zugehen lassen.

Den Staaten blieb es überlassen, die Ratifikation oder den Beitritt zugleich im Namen der Gebiete zu vollziehen, die sie völkerrechtlich vertreten[80]).

Das IÜ ist ein Jahr nach dem Zeitpunkt der ersten Hinterlegung von Ratifikationsurkunden wirksam geworden[81]), die durch ein besonderes Protokoll festzustellen war[82]). Die ersten Hinterlegungen wurden am 2. Juni 1930 von Belgien, Großbritannien und Spanien vorgenommen. Das Datum des Inkrafttretens der IÜ's ist somit der 2. Juni

[78]) Belgien, Chile, Deutschland, Spanien, Estland, USA, Frankreich, Großbritannien, Ungarn, Italien, Polen (zugleich für die Freie Stadt Danzig), Rumänien, Jugoslawien. —

Das Dokument war ferner vorbereitet für die Zeichnung von Argentinien, Kuba, Dänemark, Finnland, Japan, Lettland, Mexiko, Norwegen, die Niederlande, Peru, Portugal, Schweden und Uruguay, deren Vertreter sich der Unterschrift enthielten. — Der Wortlaut der Konventionsurkunde ist wiedergegeben bei Colinvaux, S. 142 f.

[79]) Marais, Les transports internationaux, S. 18.

[80]) Art. XIII IÜ.

[81]) Art. XIV § 1 IÜ.

[82]) Art. XI Abs. 1 IÜ.

1931. Für die später beigetretenen trat, bzw. für die zukünftg beitretenden Staaten tritt das Übereinkommen sechs Monate nach dem Zeitpunkt des Eingangs der Ratifikationsurkunde oder Beitrittserklärung bei der belgischen Regierung in Kraft[83]). Der Kreis der VSten ist gegenwärtig[84]) folgender[85]):[86])

2. Ratifikationen und Beitrittserklärungen

RATIFIKATIONEN:

Deutschland[87])	1. Juli 1939
Belgien	2. Juni 1930
Spanien	2. Juni 1930
U. S. A.	29. Juni 1937
Frankreich	4. Januar 1937
Großbritannien und Nordirland	2. Juni 1930

[83]) Art. XIV S. 2 IÜ.

[84]) 1. Februar 1961.

[85]) Die Liste der VSten ist der letzten einschlägigen Verlautbarung des CMI in CMI-Resolutions, 1959, S. 32 ff. entnommen. Weitere Übersichten mit zusätzlichen, z. T. widersprechenden Angaben über den Tag des Wirksamwerdens des Übereinkommens, den Tag des Erlasses und Inkrafttretens etwaiger nachfolgender in den VSten erlassener Ausführungsgesetze finden sich bei Astle, S. 376, Carver, S. 1041 ff. und 1072 ff., Colinvaux, S. 182 ff., Scrutton, S. 545 ff. und 564 ff., Knauth, Bill of Lading, S. 453 ff., Lebuhn, HR und von Laun, HR und Geltungsbereich. Eine besonders übersichtliche und sorgfältige Zusammenstellung gibt Markianos, S. 36 ff.

[86]) Die von einigen Staaten im Namen der von ihnen vertretenen Gebiete abgegebenen Erklärungen werden auch nach der Erlangung völkerrechtlicher Selbständigkeit in Ermangelung gegenteiliger Erklärungen der betreffenden Staaten als fortwirkend angesehen; Dies gilt z. B. für Ghana (ehem. britische Kolonie Gold Coast) und die Föderation von Malaya (ehem. britisches Protektorat). Ferner hat die Beitrittserklärung der Straits Settlements heute noch Wirkung für Singapore. Das gleiche gilt bezüglich derjenigen ehemaligen britischen Kolonien, überseeischen Besitzungen und Protektorate, deren Lokalregierungen seinerzeit in Ausübung eines ihnen in der britischen Ratifikationserklärung ausdrücklich vorbehaltenen Rechtes, den Beitritt zum Übereinkommen erklärt zu haben.

[87]) Die Verlautbarung des CMI enthält bezüglich Deutschlands folgenden Hinweis: „German Federal Republic: Put again into force from November 1st, 1953, between on the one hand, the German Federal Republic and, on the other hand, the Allied Powers except Hungary, Poland and Rumania (Agreement of Brussels of September 29th and October 13th, 1953)." Das IÜ gilt demnach noch nicht wieder für den östlichen Teil Deutschlands und auch noch nicht wieder zwischen der BRD einerseits und Ungarn, Polen und Rumänien andrerseits.

Ungarn	2. Juni 1930
Italien	7. Oktober 1938
Japan	1. Juli 1957
Polen	26. Oktober 1936
Rumänien	4. August 1937
Jugoslawien	17. April 1959

BEITRITTSERKLÄRUNGEN:

Australien	4. Juli 1955
Papua und Norfolk	4. Juli 1955
Nauru und Neu Guinea	4. Juli 1955
Ceylon	2. Dezember 1930
Dänemark	1. Juli 1938
Ägypten[88])	29. November 1943
Finnland	1. Juli 1939
Ascension	3. November 1931
Bahamas, Barbados, Bermudas, Nordborneo, Kamerun, Cypern, Goldküste, Falklandinseln, Fidschi-Inseln, Gambia, Gibraltar, Gilbert und Ellis, British-Guayana Britisch-Honduras, Hongkong, Jamaica (Caimans, Caicos und Turks Inseln), Kenia, Leeward (Antigua, Dominica, Monserrat, St. Christopher-Nevis, Virgin Inseln)	2. Dezember 1930
Malaiischer Bund	2. Dezember 1930
Malaya (nicht föderierter Teil)	2. Dezember 1930
Mauritius, Nigeria	2. Dezember 1930
Palästina	2. Dezember 1930
St. Helena	3. November 1931
Salomon-Inseln	2. Dezember 1930
Sarawak	3. November 1931
Seychellen, Sierra-Leone, Somaliland, Straits Settlements,	

[88]) Inwieweit sich der Beitritt Ägyptens auch auf das übrige Gebiet der Vereinigten Arabischen Republik (VAR) auswirkt, ist z. Z. noch unklar. Die Bildung der VAR ist bislang noch ohne Einfluß auf die privatrechtliche Gesetzgebung geblieben (Markianos, S. 36).

Tanganjika, Tobago, Tonga, Trinidad, Windward (Grenada, St. Lucia, St. Vincent)	2. Dezember 1930
Sansibar	2. Dezember 1930
Israel[89])	5. September 1959
Monaco	15. Mai 1931
Norwegen	1. Juli 1938
Niederlande	18. August 1956
Portugal (und überseeische Territorien)	24. Dezember 1931 (2. Februar 1952)
Schweden	1. Juli 1938
Schweiz	28. Mai 1954
Türkei	4. Juli 1955

Eine Reihe von Staaten hat das IÜ zum Inhalt ihrer nationalen Gesetze gemacht oder den wesentlichen Kern desselben doch rezipiert, ohne sich dem IÜ formal anzuschließen. Zu diesen hier und im folgenden als Quasi-VSten bezeichneten Ländern gehören

Aden[90])
Burma[91])
Curacao[92])
Griechenland
Indien
Indonesien[92])
Irland
Kanada
(einschl. Neufundland)[93])
Libanon
Malta
Marokko[94])

---

[89]) In Israel gilt die palästinensische COGS-Ordinance, 1926, fort (Colinvaux, S. 126 Anm. 26).

[90]) In Aden — früher Britisch-Indien zugehörig — galt zunächst die indische COGSA. Ein selbständiger Gesetzgebungsakt wurde 1941 vollzogen. — Vgl. Carver, S. 1057 Anm. 19.

[91]) In Burma und Pakistan gilt auch nach der Trennung von Indien das indische Seetransportrecht weiter — vgl. Scrutton, S. 562 Anm. (k).

[92]) Die Niederlande haben ihren Beitritt zum IÜ nicht zugleich im Namen ihrer überseeischen Gebiete erklärt.

[93]) Neufundland, seit dem 1. 4. 1949 kanadische Provinz, hatte früher eine eigene COGSA, 1932.

[94]) Das marokkanische Seetransportgesetz ist eine Kombination aus dem IÜ, dem amerikanischen Harter Act und französischen Gesetzesbestimmungen (Astle, S. 182). — Es kann daher zu den Quasi-VSten nur noch im weiteren Sinne gerechnet werden.

Neuseeland
(einschl. Cook-Inseln und Samoa-West)
Pakistan[95])
Philippinen
Sowjetunion
Surinam[96])
Südafrikanische Union
Syrien
Tunesien

3. Art. X IÜ und die Anwendungsbestimmungen der nationalen Gesetze

Das Fehlen einer funktionsfähigen Vorschrift über den Anwendungsbereich des IÜ's veranlaßte die Mehrheit der VSten und auch einige Quasi-VSten, selbständige, den nationalen Ausführungsgesetzen beigegebene Bestimmungen über den Anwendungsbereich ihrer Gesetze zu erlassen, die — wie schon erwähnt — nicht selten auch noch die Qualität einseitiger Kollisionsnormen haben. Andere Staaten ignorierten einfach die Unvollkommenheit des IÜ's hinsichtlich des Anwendungsbereiches und überließen es somit den Gerichten, in jedem Einzelfalle eine angemessene Lösung zu finden. Die teils unter Berufung auf Art. X IÜ, teils unabhängig geschaffenen Regelungen sind uneinheitlich, wenngleich manche VSten das gleiche Anwendungssystem gewählt haben, so daß sich eine bestimmte Gruppeneinteilung vornehmen läßt.

Ein übereinstimmendes Merkmal aller den Anwendungsbereich betreffenden Regeln in den nationalen IÜ-Gesetzen ist es jedoch, daß sie der Abgrenzung sowohl im Verhältnis zu den NVSten als auch zu den übrigen VSten dienen, ein in der Geschichte des internationalen Vertragsrechtes offenbar einmaliger Fall[97]). Im Gegensatz zu Art. X IÜ selbst sind die

---

[95]) Siehe Anm. 91.

[96]) Siehe Anm. 92.

[97]) Eine ähnliche Situation kann möglicherweise auch im Zusammenhang mit dem Abkommen über die beschränkte Reederhaftung 1957 eintreten, dessen Zeichnungsprotokoll, Ziff. 2 (c) dem VSt in gleicher Weise wie das Zeichnungsprotokoll zum IÜ die Möglichkeit einer nur sinngemäßen Übernahme der Vorschriften des Abkommens einräumt (vgl. CMI, Conférence de Bruxelles 1957, S 3 ff. [19]). Eine entsprechende Klausel sieht ferner das Zusatzprotokoll des ebenfalls von der Brüsseler Seerechtskonferenz 1957 verabschiedeten Entwurfs eines Passagierhaftungsabkommens vor. (A. a. O. S. 31 ff. [39]).

Die mit dem IÜ gemachten Erfahrungen sollten gerade im letzteren Falle den Regierungen Anlaß geben, die Notwendigkeit einer solchen Konzession noch einmal zu erwägen, zumal die angloamerikanische Diktion, die auch den Entwurf weitgehend kennzeichnet, nicht länger als Motiv eines so weitgehenden

nationalen Anwendungsbestimmungen, sofern mit ihrer Hilfe im Verhältnis zu anderen VSten abgegrenzt wird, als gewöhnliche — und zwar einseitige — internationalprivatrechtliche Kollisionsnormen anzusehen[98]). Im Verhältnis zu NVSten angewendet sind sie — wenn und soweit mit ordre public-Funktionen ausgestattet — als spezielle Vorbehaltsnormen und insoweit auch als besondere Kollisionsnormen zu qualifizieren[99])[100]).

4. Anwendungsvorbehalte zugunsten der Küstenschiffahrt und bestimmter nationaler Verkehre

Im Rahmen der folgenden Untersuchungen bleiben diejenigen, ebenfalls den Anwendungsbereich berührenden Vorbehalte unberücksichtigt, die die VSten unter Bezugnahme auf ein ihnen im Anhangprotokoll gleichfalls eingeräumtes Recht zugunsten ihrer Küstenschiffahrt gemacht haben. Die Auswirkungen derartiger Regelungen sind im Hinblick auf das Ziel der internationalen Rechtsvereinheitlichung ohne Einfluß. Außer Betracht bleiben ferner die in bezug auf den interskandinavischen Verkehr[101]) und den Indien-Ceylon-Verkehr[102]) und den USA-Philippinen-Verkehr[103]) von den betroffenen Staaten — allerdings ohne Rechtsgrundlage im Abkommen selbst — gemachten Vorbehalte.

II. Die verschiedenen Anwendungssysteme

Die Anwendungsvorschriften in den Gesetzen derjenigen Länder, die das Gedankengut des IÜ's unter anderem Wortlaut in das nationale Recht transplantiert haben, lassen sich systematisch in folgender Weise aufgliedern:

Zugeständnisses angesehen werden kann. Vgl. hierzu auch Markianos, S. 220, der vor Wiederholungen der IÜ-Anpassungs-Methode nachdrücklich warnt.

[98]) Gleicher Ansicht Capelle, Gutachten, S. 8.

[99]) Vgl. oben S. 15.

[100]) Eine Frage mehr theoretischer Natur ist, ob die VSten überhaupt berechtigt waren, Anwendungsbestimmungen zu erlassen, d. h., ob sich die aus dem Anhangsprotokoll ergebende Befugnis der nur sinngemäßen Übernahme auch auf diese Sphäre des IÜ's bezog. In Anbetracht der Unklarheit und Unvollständigkeit des Art. X IÜ dürfte die Frage zu bejahen sein.

[101]) Übereinstimmender Vorbehalt in den Beitrittserklärungen Dänemarks, Finnlands, Norwegens und Schwedens. Kein „foreign trade" im Sinne der IÜ-Gesetze dieser Länder.

[102]) Sec. 5 (b) ind. COGSA, 1925 (vgl. Astle, S. 286).

[103]) Kein „foreign trade" im Sinne der COGSA, 1936 der Philippinen.

1. Britisches System

Die dieser Gruppe angehörenden Staaten wenden — abgesehen von den Fällen vertraglicher Stipulation — ihre HR-Gesetze ausschließlich auf *ausgehende Transporte* betreffende Konnossemente an. Der Ort der Konnossementsausstellung ist ohne Bedeutung.

Dieser Gruppe gehören an:

Großbritannien,
umfassend England, Schottland, Wales, Nordirland und die Insel Man, (Sec. 1 COGSA, 1924);

Australien
(Sec. 4 (1) Austr. COGSA, 1924)[104]);

Israel[105]).

Ferner sind der britischen Regelung alle Dominien, ehemaligen Kolonien, Besitzungen und Protektorate gefolgt[106]), die in Ausübung des ihnen von der britischen Regierung vorbehaltenen Rechtes, dem IÜ später beigetreten sind, nämlich:

Ascension
Bahamas
Barbados
Bermuda
Britisch-Guayana
Britisch-Honduras
Ceylon
Cypern
Falkland-Inseln
Fidschi-Inseln
Gambia
Gibraltar
Gilbert und Ellice
Goldküste
Hongkong
Caimans, Caicos und Turks Inseln
Jamaika
Kenia
Kamerun

---

[104]) Die Besonderheiten, die die australische Regelung im Vergleich zu der Großbritanniens aufweist, sind an anderer Stelle erörtert. (Vgl. unten S. 87 f.)

[105]) Vgl. hierzu Knauth, S. 479 und 487. Auch nach der selbständigen Ratifikation des IÜ's durch Israel wird die palästinensische COGS-Ordinance, 1926, als israelisches Recht weiterangewendet (Colinvaux, S. 162 Anm. 26).

[106]) Carver, S. 1043 und 211; Scrutton, S. 553; Knauth, S. 471; vgl. ferner die ausführlichen Erläuterungen über die Geltung des IÜ's im heutigen und ehemaligen britischen Einflußbereich von Lord Justice Scrutton in „*The Torni*“ [1932] P. 78 (82).

Leeward (Antigua, Dominica, Monserrat, St. Christopher-Nevis, Virgin-Inseln)
Malaiischer Bund
Nigeria
Nordborneo
Malaya (nicht föderalistisch)
St. Helena
Salomon
Sarawak
Seychellen
Sierra-Leone
Somaliland
Straits Settlements
Sansibar
Tanganjika
Tobago
Tonga
Trinidad
Windward (Grenada, St. Lucia, St. Vincent)

Von den Quasi-VSten haben sich angeschlossen:

Aden	(Revised COGSA-Ordinance 1945)
Burma	(Sec. 2 Ind. COGSA, 1925)
Indien	(Sec. 2 Ind. COGSA, 1925)
Irland	(Sec. 13 Merchant Shipping Act, 1947)
Kanada	(Sec. 2 WCOGA, 1936)[107])
Malta	(Malt. COGSA, 1954)
Neuseeland	(Sec. 7 SCOGA, 1940)
Pakistan	(Sec. 2 Ind. COGSA, 1925)
Südafr. Union	(Sec. 307 (1) Merchant Shipping Act, 1951)[108])

Nach der Änderung von Art. 517 d WvK im Jahre 1956[109]) ist auch die niederländische Regelung derjenigen der britischen Gruppe angepaßt worden. Im praktischen Effekt ist ferner Portugal als der das britische System anwendenden Gruppe zugehörig zu betrachten. Portugal (Gesetz No. 37748 vom 1. 2. 1950) stellt indessen nicht auf den Transportweg, sondern auf den Ausstellungsort des Konnossementes ab. Die Regelung ist anwendbar „auf alle auf portugiesischem Gebiete ausgestell-

[107]) Die Canadian Bar Association hat kürzlich gemeinsam mit der Canadian Maritime Law Association der kanadischen Regierung empfohlen, den Anwendungsbereich des Gesetzes auf eingehende Konnossemente auszudehnen und somit dem US-System anzupassen — CMI-Doc. Con 17, S. 2.

[108]) Datum des Inkrafttretens noch nicht festgesetzt (vgl. Scrutton, S. 559).

[109]) Gesetz vom 15. 8. 1955, in Kraft getreten am 26. 8. 1956 — vgl. Royer, S. 644 und Scrutton, S. 565.

ten Konnossemente, welches auch die Nationalität der Vertragsparteien sein mag«[110]).

2. USA-System

Es gilt die Regel, die IÜ-Gesetzgebung — ebenfalls unbeachtlich des Ausstellungsortes — auf alle Konnossemente anzuwenden, die *ein und ausgehende Transporte* betreffen.

Hierher gehören:

a) Vereinigte Staaten von Amerika, einschließlich Panama-Zone[111]), Alaska, Hawaii, Midway, Wake, Guam, am. Samoa, Puerto Rico und am. Virgin-Inseln (vgl. Präambel und Sec. 13 US-COGSA, 1936),

b) Philippinen (Sec. 1 phil. COGSA, 1936)[112]),

c) Belgien (Art. 91, A Code de Commerce Belge)[113])

d) Jugoslawien (Gesetz über Verträge zur Verwendung von Seeschiffen vom 13. 6. 1959). Die jugoslawische Regelung ist weitergehend als die der USA, weil sie sich auch auf Transporte ohne Konnossemente erstreckt[114]).

e) Als dem amerikanischen System im weiteren Sinne zugehörig, ist die vor 1956 in den Niederlanden geltende Regelung anzusehen, derzufolge eingehende Konnossemente aber dann von der Anwendung des niederländischen Gesetzes freigestellt werden konnten, wenn im Lande des Abgangshafens Freizeichnung erlaubt war. Beweispflichtig hierfür war der Verfrachter. Im Ergebnis bestand kein Unterschied zur Praxis

---

[110]) Wortlaut (engl.) bei Astle, S. 201; franz. Wortlaut (nicht-amtliche Übersetzung) abgedruckt in D. M. F. 1951, S. 102; Nachdruck bei Markianos, S. 265.

[111]) Eine eingehende Untersuchung der Frage, ob die US-COGSA auch in der sog. Panama-Zone (Cristobal) gilt, wird in der englischen Entscheidung *Stafford Allen & Sons Ltd. v. Pacific Steam Navigation Company* [1956] (1) Ll. L. Rep. 104 (Queens Bench Division) vorgenommen.

[112]) Die phil. COGSA, 1936 enthält in Sec. 1 eine wörtliche Reproduktion Sec. 13 der US-COGSA.

[113]) Eine leichte Abweichung von der US-Regelung besteht insofern, als nicht auf das faktische Ein- bzw. Ausgehen der Ladung, sondern auf den Abgangs- oder Bestimmungshafen abgestellt wird. Die belgische Regelung kann daher selbst dann anwendbar sein, wenn der belgische Bestimmungshafen tatsächlich nicht angelaufen worden ist.

[114]) Katicic, S. 204; Suc, Uniform Application, S. 63; Cigoj, S. 97 ff.; CMI-Doc. Con 10 (Jugoslawien).

in den USA[115]). Die alte niederländische Regelung des Art. 517 d WvK[116]) gilt noch jetzt in folgenden Quasi-VSten fort:

Curaçao	(See-Gesetz No. 52 von 1935)
Indonesien	(See-Gesetz v. 4. 2. 1933)
Surinam	(See-Gesetz v. 2. 6. 1936)

f) Als Quasi-VSten haben sich ferner Liberia (Titel VI Sec. 11 Liberian Maritime Code, 1949) und Marokko der amerikanischen Regelung angeschlossen.

3. Skandinavisches System

Die nationalen Gesetze der hierher gehörenden Staaten finden — mit Ausnahme des interskandinavischen Verkehrs — Anwendung auf alle Konnossemente, die *ausgehende oder aus VSten*[117]) *einkommende Transporte* betreffen. Es handelt sich um folgende Staaten:

Dänemark	(Sec. 8, Gesetz No. 150 vom 7. 5. 1937)
Finnland	(Sec. A Gesetz No. 168 vom 9. 6. 1936)[118])
Norwegen	(Sec. 9, Gesetz v. 4. 2. 1938)[119])
Schweden	(Gesetz No. 277 v. 5. 6. 1936)

Dem skandinavischen System ist ferner Spanien (Art. 24, Gesetz vom 22. 12. 1949)[120]) gefolgt. Im Falle einkommender Transporte ist dort die Anwendung aber nicht allein von der Herkunft des Transportes aus einem VSt (Ratifikation oder Beitritt) abhängig, sondern der VSt muß darüber hinaus das IÜ in das nationale Recht inkorporiert haben[121]).

4. Japanisches System

Zufolge seines Art. 1 ist das am 1. Januar 1958 in Kraft getretene japanische „Gesetz betreffend internationale Seetransporte"[122]) auf solche

115) Offerhaus, Conflict, S. 198.

116) Englischer Wortlaut bei Astle, S. 198.

117) Nicht auch Quasi-VSten!

118) Knauth's Ansicht (Bill of lading, S. 459), Norwegen und Finnland würden einkommende Transporte der bezeichneten Art nicht ihren HR-Gesetzen unterwerfen und die Gesetze dieser Länder würden insofern von denjenigen Dänemarks und Schwedens abweichen, ist — wie der Wortlaut der Gesetze dieser Staaten zeigt und in dem CMI-Doc. Con 6 (Norwegen) hervorgehoben wird — unzutreffend.

119) Englischer Wortlaut bei Gram, S. 64.

120) Original-Wortlaut bei Knauth, Bill of lading, S. 89, englische Teilübersetzung bei Astle, S. 213.

121) Unzutreffend Ripert II, S. 262, der das Inkorporationserfordernis als alternatives ansieht, mithin Herkunft aus VSt *oder* Quasi-VSt genügen lassen will.

122) Französische Übersetzung bei Komachiya, DMF 1958, S. 120ff.

Transporte anzuwenden, bei denen entweder der Abgangs- oder der Bestimmungshafen *außerhalb* Japans gelegen ist[123]).

5. Staaten ohne bestimmtes Anwendungssystem

Die Anpassungsgesetze folgender VSten enthalten keine Regelung:

Deutschland	(Gesetz zur Änderung von Vorschriften des Handelsgesetzbuches über das Seefrachtrecht vom 10. 8. 1937)[124])[125])
Frankreich	(Gesetz vom 2. 4. 1936)
Italien	(Codice della navigazione i. d. Fassung vom 30. 3. 1942)
Monaco	(Ordinance No. 1504 vom 24. 10. 1938)
Schweiz	(Seeschiffahrtsgesetz vom 23. 9. 1953)
Türkei	(Gesetz vom 29. 6. 1956)
VAR-Ägypten	(Dekret v. 31. 1. 1944)

Sonderregelungen fehlen ferner in denjenigen VSten, die das IÜ lediglich ratifiziert haben, ohne Ausführungsgesetze zu erlassen, nämlich:
Polen,
Rumänien,
Ungarn.

Vorschriften über den Anwendungsbereich sind ferner in dem IÜ angepaßten Gesetzen folgender Quasi-VSten nicht enthalten:
Griechenland,
Sowjetunion,
Tunesien.

---

123) Ob das Konnossement in einem VSt ausgestellt ist, ist unerheblich — Doc. Con 22 (Japan).

124) RGBl. I., S. 891.

125) Die nachfolgend erlassene Verordnung vom 5. 12. 1939 (RGBl. I., S. 2501) bestimmt, innerhalb welchen räumlichen Anwendungsbereiches das dem IÜ angepaßte HGB zwingenden Charakter hat. Die Anwendung sowohl des Gesetzes als auch der Verordnung setzt nach herrschender, allerdings unzutreffender erscheinender Meinung hingegen die Maßgeblichkeit deutschen Rechtes voraus — vgl. unten S. 58 ff.

Vierter Teil

DER GELTUNGSBEREICH DES IÜ's IN DER RECHTSPRAXIS DER VERTRAGSSTAATEN

I. Einführung

1. In den voraufgegangenen Teilen dieser Abhandlung ist festgestellt worden, daß das IÜ eine Vorschrift, die seinen räumlichen Geltungsbereich ausdrücklich festlegt, nicht enthält und daß aus diesem Grunde die Mehrzahl der VSten den Anwendungsrahmen des von ihnen — zumeist nur sinngemäß — in das nationale Recht übernommenen IÜ's selbst bestimmt hat.

In diesem Teil wird erörtert werden, in welcher Weise die Gerichte in den bedeutendsten VSten eingedenk der nationalen Vorschriften über den Anwendungsbereich, unabhängig von solchen oder gar unter Berufung auf Art. X IÜ, praktische Fälle gelöst haben und — gegebenenfalls — welche Resonanz solche Entscheidungen gefunden haben.

Anhand des Ergebnisses dieser Untersuchungen wird dann im letzten Teil zu prüfen sein, ob eine Vorschrift über den Anwendungsbereich des IÜ's wünschenswert oder gar erforderlich ist und bejahendenfalls, wie eine solche Norm inhaltlich gestaltet sein müßte. Es soll ferner erörtert werden, welche anderweitigen, grundsätzlichen Vorkehrungen zu treffen sind, um die internationale Rechtsvereinheitlichung auf dem Gebiete des Seefrachtrechts zu verbreitern und zu intensivieren.

Die Untersuchung wird vielfach und zwangsläufig internationalprivatrechtliche, mit der Statutenkollision im Seefrachtrecht zusammenhängende Fragen berühren, ohne dabei dieses Thema im Rahmen dieser Arbeit erschöpfend mitbehandeln zu wollen[126]).

---

[126]) Zum Problem der im Vergleich zum übrigen internationalen Obligationsrecht zahlreiche Besonderheiten aufweisenden Statutenkollisionen im Seefrachtrecht generell vgl.:

Deutschland: v. Bar, S. 407 ff.; Raape, S. 445; Frankenstein II, S. 512 ff.; Wolf, IPR, S. 136; Nussbaum, Deutsches IPR, S. 281 ff.; Mel-

II. Großbritannien

1. Sect. 1 brit. COGSA (Geltungsbereich)

Nur geringfügig verändert haben die Art. I—IX des IÜ's in England als Anhang (Schedule) zur Carriage of Goods by Sea Act, 1924, (COGSA) Gesetzeskraft erlangt. Der Anwendungsbereich der Act ist in sect. 1 wie folgt umschrieben:

„Subject to the provisions of this Act the Rules shall have effect in relation to and in connection with carriage of goods by sea in ships carrying goods from any port in Great Britain or Northern Ireland to any port whether in or outside Great Britain or Northern Ireland."

Die Act beansprucht Gültigkeit demnach ausschließlich für diejenigen Konnossemente, die ausgehende Transporte betreffen[127]). Nur insoweit ist sie zwingender Natur, unabdingbar und kommt selbst dann zum Zuge,

---

chior, S. 393; Haudek, S. 36 ff.; Schaps-Mittelstein-Sebba, S. 305 ff.; Liesecke, S. 236 Abschnitt 5—12, ferner S. 408 Abschn. 23—24; Necker, Statutenkollision, S. 3 ff.; ferner RG (Urt. v. 2. 5. 1894) RGZ Bd. 34, S. 72 ff. (77); RG (Urt. v. 24. 11. 1928) RGZ Bd. 122, S. 316 ff. (319); BGH (Urt. v. 20. 5. 1952) BGHZ Bd. 6, S. 128 ff. (134); BGH (Urt. v. 14. 4. 1953) BGHZ Bd. 9, S. 222 ff. (223); BGH (Schiedsspruch v. 8. 10. 1953) Hansa 1954, S. 510; BGH (Urt. v. 26. 9. 1957) BGHZ Bd. 25, S. 250 ff.

England: Dicey (Kahn-Freund), S. 717 ff.; Graveson, Conflict, S. 183 ff.; Graveson, Proper Law, S. 1 ff.; Wolf, PIL, S. 413 ff.; Scrutton, S. 20 ff.; Cheshire, PIL, S. 218 ff.; Payne, S. 13 ff.; Temperley, S. 87 ff.; Carver, S. 394 ff.; Devlin, S. 6 ff.; Colinvaux, S. 115 ff.; vgl. ferner *The Torni* [1932] P. 78; *Vita Food Products, Inc. v. Unus Shipping Co. Ltd.* [1939] A. C. 277; *The Njegos* [1936] P. 90; *The Metamorphosis* [1953] 1 All. ER 723 (Admirality Division); *The Assunzione* [1954] 2 W. L. R. 234 (Probate Division); *The Adriatic* [1931] P. 241. *Re Helbert Wagg* 1 [1956] All. E. R. (Chancery Division) 129.

Kanada: Falconbridge, S. 395 ff.

U. S. A.: Rabel II, S. 357; Nussbaum, Grundzüge, S. 150; Beale, §§ 337,1 (S. 1187) und 346,7 (S. 1219); Gooderich, S. 325; Cook, S. 389 ff.; Stumberg, S. 234 ff.; Yntema, Contract, S. 46 ff.; Yntema, Autonomy, S. 341 ff. (auch rechtsvergleichend); Nolde, S. 36 ff.

Frankreich: Ripert I, S. 47 ff. und II, S. 343 ff. Guyon, Les transports, S. 203 ff.; Dubosc, S. 211 ff.; Eynard, S. 148 ff.; Battifol, Abschn. 607, S. 660; Arminjon, S. 253 ff.

Holland: Offerhaus, Conflict, S. 599 ff.; van Slooten, S. 54 ff.; van Empel, S. 631 ff.

Jugoslawien: Katicic, S. 204 ff.; Suc, La nouvelle loi, S. 700; Cigoj, S. 297 ff.

Sowjetunion: Freund, S. 56 ff.

[127]) Transporte, für die ein Konnossement nicht ausgestellt ist, unterfallen nicht der Act (Graveson, Bill of Lading, S. 61).

wenn das britische Recht nicht die das Rechtsverhältnis beherrschende Rechtsordnung, das sog. „proper law of the contract“[128]) ist. Sect. 1 erhebt die brit. COGSA innerhalb des von ihr selbst gesetzten Anwendungsrahmens also zu einem „ordre public“-Gesetz[129]) und dürfte damit, allerdings nur was ausgehende Konnossemente anbetrifft, dem ursprünglichen Sinngehalt des Art. X IÜ entgegenkommen.

Die Frage liegt nahe, was den britischen Gesetzgeber veranlaßt haben mag, einkommende Transporte und solche des Großbritannien nicht berührenden Cross-Verkehrs von der zwingenden Anwendung der COGSA selbst dann auszunehmen, wenn der Abgangs- und/oder Bestimmungshafen des Transportes in einem VSt gelegen sind. Der Inhalt der Regel in sect. 1 überrascht um so mehr, als bekanntlich gerade von englischer Seite bei den Vorarbeiten zum Abkommen der Vorschlag kam, das IÜ — unabhängig von der Transportrichtung der Güter — immer dann anzuwenden, wenn die Beförderung in Anbetracht der unterschiedlichen Nationalität der Vertragsparteien einen internationalen Einschlag hat[130]).

Völkerrechtliche oder verfassungsrechtliche Gründe im Sinne einer beschränkten Zuständigkeit ausschließlich auf die im Lande selbst ausgestellten Konnossemente dürften nicht vorgelegen haben. War es doch gerade der erklärte Zweck des IÜ's, eine weitestmögliche Rechtsvereinheitlichung herbeizuführen. Nichts stand somit im Wege, die einmal akzeptierten Grundsätze des Seetransportrechts zu solchen des absoluten „ordre public“ zu erheben, sie also gleichermaßen auf sämtliche in der Zuständigkeit britischer Gerichte liegenden Transportvorgänge selbst dann anzuwenden, wenn es sich um solche des einkommenden oder des Cross-Verkehrs handelt.

„The intention of the Conference“, erläutert und begründet Scrutton[131]) die englische Haltung, „was that each of the participating States should make the adoption of the Rules obligatory in respect of all ‚outward‘ Bills of Lading.“ — Diese Interpretation des Übereinkommen-Zweckes mag vielleicht im Lichte der ursprünglichen Konzeption der

---

[128]) „The proper law of the contract means that law which the English or other Court is to apply in determining the obligations under the contract.“ (Lord Wright in *Mount Albert Borough Council v. Australasian Temperance and General Mutual Life Assurance Society, Ltd.*, [1938] A. C. 224 ff. (240).

[129]) Dicey, S. 757 Anm. 37 u. S. 826; Morris, Choice of Law, S. 176; Devlin, S. 4 und 15 f.; a. A. Colinvaux, S. 114 f., der die brit. COGSA nicht für anwendbar hält, wenn das „proper law of the contract“ nicht englisches Recht ist.

[130]) Vgl. Conférence Internationale, S. 153 f. und 273; ferner oben S. 5.

[131]) S. 454; in gleichem Sinne Carver, S. 212 und 214; Colinvaux, S. 112; Wolfson, S. 508; Temperley, S. 89; ähnlich Morris/Cheshire, S. 329; Knauth, Bill of Lading, S. 152.

Schöpfer des IÜ's, nämlich Schaffung eines weltweit geltenden Einheitsgesetzes, zutreffend gewesen sein. Hätten sich tatsächlich sämtliche handeltreibenden Nationen bereit gefunden, einen einheitlichen Konventionstext innerhalb ihres Hoheitsgebietes zum Gesetz zu erheben und — so wird man hinzufügen müssen — wäre der Übereinstimmung des Wortlautes eine solche in der Auslegung gefolgt, dann wäre in der Tat eine Regelung der Art, wie sie sect. 1 brit. COGSA enthält, sinnvoll und ausreichend gewesen. Der Gedanke eines Einheitsgesetzes war jedoch, nachdem man 1923 in Brüssel das Zeichnungsprotokoll vereinbart und damit die sinngemäße Einarbeitung des IÜ's gestattet hatte, nicht länger verwirklichungsfähig; auch blieb die Gemeinschaft der VSten wider Erwarten unvollständig. Die dieser Entwicklung nicht Rechnung tragende Formulierung der sect. 1 ließ somit hinsichtlich der rechtlichen Behandlung von einkommenden Transporten und solchen des Cross-Verkehrs ein Gesetzesvakuum entstehen, dessen Ausfüllung den Gerichten überlassen blieb. Sie hatten vor allem darüber zu befinden, ob der ohne Gesetzeszwang verbliebene Raum der unbeschränkten Parteidisposition offen stand oder ob das Interesse der internationalen Rechtsvereinheitlichung die Freiheit der Vertragsgestaltung in gewissem Umfang einschränkte.

England hat also das IÜ nicht als solches mit Gesetzeskraft ausgestattet sondern vielmehr im Einklang mit dem Zusatzprotokoll die HR in seine nationale Gesetzgebung eingearbeitet. Die COGSA hat somit — gleich allen anderen nationalen HR-Gesetzen — ein selbständiges, vom Schicksal des IÜ's losgelöstes Eigendasein. Sie ist das in England geltende, ausgehende Beförderungen zwingend regelnde Gesetz; das IÜ selbst hat bei der Beurteilung des praktischen Einzelfalles dieser Art außer Betracht zu bleiben. Daraus folgt, daß insoweit die COGSA etwas über ihren Anwendungsbereich aussagt, sie eine Grenzziehung nicht nur im Verhältnis zu den NVSten, sondern auch zu den übrigen VSten des IÜ's, bezw. dem Anwendungsradius der IÜ-Gesetze solcher Staaten vornimmt. Sect 1 brit. COGSA ist insoweit als — einseitige — Kollisionsnorm zu werten[132]). Ohne Einfluß auf diese Qualifikation ist es, ob es im konkreten Anwendungsfalle überhaupt einer Abgrenzung bedarf, d. h., ob andere nationale IÜ-Gesetze, denen gegenüber abgegrenzt wird, im Inhalt oder im Anwendungseffekt von der britischen COGSA abweichen.

2. Sect. 3 brit. COGSA (Paramount-Klausel)

Mit sect. 1 im Zusammenhang zu sehen ist sect. 3 brit. COGSA:

„Every bill of lading, or similar document of title, issued in Great Britain or Northern Ireland which contains or is evidence of any contract to which the Rules apply shall contain an express statement

---

[132]) Gleicher Ansicht Kahn-Freund, S. 66.

that it is to have effect subject to the provisions of the said Rules as applied by this Act."

Diese Norm, die das Erfordernis sogenannter Paramount-Klauseln statuiert, ist eine logische Konsequenz der von Scrutton[133]) angedeuteten Grundidee des britischen Gesetzgebers. — Jeder durch ein in Großbritannien ausgestelltes Konnossement dokumentierter Beförderungsvertrag könnte nämlich — da weder das IÜ noch die brit. COGSA Gerichtsstände bestimmen — Gegenstand eines in einem anderen Staate anhängigen Rechtsstreites werden. Würde es sich bei dem Gerichtsstaat um einen NVSt handeln oder würde das IÜ-Gesetz eines anderen VStes — womit man vom britischen Standpunkt aus rechnen mußte — eine der sect. 1 brit. COGSA vergleichbare oder gar nachgebildete Bestimmung enthalten, so würden derartige Konnossemente möglicherweise als dem IÜ nicht unterfallend behandelt werden; denn der andere — Gerichtsbarkeit ausübende — Staat könnte als NVSt das IÜ überhaupt außer acht lassen oder müßte selbst als VSt feststellen, daß das Konnossement nicht in seinem Hoheitsbereich ausgestellt ist und folglich auch nicht seiner IÜ-Gesetzgebung untersteht. Dieser mögliche Effekt sollte vermieden werden. Mit Hilfe der sog. Paramount-Klausel konnte gleichsam eine Kennzeichnung der nach Maßgabe des IÜ's zu behandelnden Konnossemente erreicht werden. Jedes Gericht in einem anderen als dem Abgangsland konnte erkennen, daß der Transport nach Maßgabe des IÜ's (so wie es im Abgangsland gilt!) auszuführen ist. Der Unvollkommenheit der faktisch erreichten Rechtsvereinheitlichung ist es zuzuschreiben, daß die Paramount-Klausel in der Praxis manchmal keine oder eine andere als die erwartete Wirkung äußert[134]).

3. Der „Torni"-Fall

Sowohl die Problematik der sect. 1 brit. COGSA als auch überhaupt das Fehlen einer funktionsfähigen Vorschrift über den Anwendungsbereich im IÜ selbst zeigte sich in der britischen Gerichtspraxis erstmalig im „Torni"-Fall[135]). Der Tatbestand war im wesentlichen folgender:

Ein estnisches Schiff beförderte Apfelsinen von Jaffa nach Hull. Das in Palästina ausgestellte Konnossement enthielt die Klausel: „This bill of lading whereever signed is to be construed in accordance with English Law."

Der Klage auf Ersatz für Schäden und Gewichtsmängel gegenüber beriefen sich die Verfrachter auf die im Konnossement enthaltenen Freizeichnungsklauseln. Die Kläger bestritten die Gültigkeit der Klau sel und hielten die palästinensische COGS-Ordinance No. 43 aus dem

---

133) Siehe oben S. 33.

134) Siehe hierzu unten S. 89 ff.

135) *The Torni* [1932] P. 78 ff.

Jahre 1926 für anwendbar, die — gleich der brit. COGSA — Geltung für alle ausgehenden Konnossemente beansprucht. § 4 der Ordinance — weitergehend als die entsprechende Bestimmung in sect. 3 der brit. COGSA — lautete: „Every bill of lading ... issued in Palestine which contains or is evidence of any contract to which the Rules apply shall contain an express statement that it is to have effect subject to the provision of the said Rules as applied by this Ordinance, and shall be deemed to have effect subject thereto, notwithstanding the omission of such express statement."

Court of Appeal bestätigte die der Klage stattgebende Entscheidung der Vorinstanz[136]) und hielt — obwohl im Konnossement die in § 4 geforderte Paramount-Klausel fehlte — die pal. Ordinance für anwendbar.

Der „Torni"-Fall stellte die Richter von Court of Appeal vor die Entscheidung, entweder englisches Recht anzuwenden, so wie es der ausdrückliche Wille der Parteien vorsah, oder den Vertrag der palästinensischen COGS-Ordinance zu unterwerfen, obwohl deren Maßgeblichkeit weder durch eine Paramount-Klausel noch auf andere Weise im Vertrage selbst vorgeschrieben war, vielmehr allein in § 4 der pal. COGS-Ordinance als jeden Palästina verlassenden Transport beherrschend („deemed to have effect") fingiert wird. — Court of Appeal ging — wie die Entscheidungsgründe zeigen — davon aus, daß die Beachtung der Rechtswahl die Nichtanwendung des IÜ-Rechts im Gefolge hätte und sah sich so vor die Alternative gestellt, entweder dem erklärten Willen der Parteien vorbehaltlos zu entsprechen, also die unbeschränkte Parteiautonomie im internationalen Obligationenrecht zu bejahen oder im Interesse der internationalen Rechtsvereinheitlichung der Sache des IÜ's den Vorzug zu geben.

Justice Langton, der in erster Instanz zu befinden hatte und von der gleichen Erwägung ausging wie später Court of Appeal[137]), entschied sich eindeutig im letzteren Sinne:

„I decline to believe that these parties in these circumstances either intended to evade or if they so intended, succeeded in evading the (Palestine) Ordinance. To put it in another way, I am not really sure that in the face of an Ordinance of this kind the familiar question as to the intention of the parties really arises at all. I incline rather strongly to the belief that it is taken out of their hands, and, so far as the Hague Rules are concerned, they no longer have any right to an opinion or intention."

Court of Appeal, im Ergebnis dem Spruch der Vorinstanz beipflichtend, gelang es dennoch mit Hilfe umständlicher Konstruktionen, die Rechtswahlklausel mit § 4 pal. COGSA zu vereinbaren, ein Kompromiß, der — wenn überhaupt — nur im Ergebnis befriedigt.

136) [1932] P. 28.

137) [1932] P. 28, 41.

Die Maßgeblichkeit der pal. COGS-Ordinance ermittelte Court of Appeal mit Hilfe der Fiktion des § 4 der Ordinance. Wörtlich sagte Lord Justice Scrutton[138]):

„The Government of Palestine has anticipated that people in Palestine might disobey the law, and so they have added the following words: „and shall be deemed to have effect subject thereto, notwithstanding the omission of such express statement."

Die weiteren Ausführungen der Richter zur Anwendung des palästinensischen Gesetzes zeugen von außerordentlichem Verständnis für das Vorhaben der internationalen Rechtsvereinheitlichung. Scrutton, obwohl urspünglich kein Freund des IÜ's[139]), hielt es für nicht zulässig, daß man den Parteien eines Seefrachtvertrages erlaubt, durch die Bezugnahme auf eine andere Rechtsordnung im Konnossement das IÜ auszumanövrieren[140]). Lord Justice Greer sah in § 4 der pal. COGS-Ordinance eine „imperative" Norm und vertrat die Ansicht, daß ihre Außerachtlassung als — vom Standpunkt des palästinensischen Rechts — illegal betrachtet werden müßte. Eine Entscheidung dahingehend, das pal. IÜ-Gesetz in diesem Falle unbeachtet zu lassen, würde — wie er weiter feststellte — alle auf die internationalen Rechtsvereinheitlichungen abzielende Bemühungen zunichte machen[141]). Die Zielsetzung des IÜ's bedingte allerdings in gewissem Umfange einen Verzicht auf die Vertragsfreiheit. Er kam zu dem Schluß[142]):

„That uniformity is desirable was universally admitted, though the result of uniformity and the creation of a statutory form may be in some respects to restrict the freedom of contract. That is of very little importance compared to the advantages obtained when you get a position created by law in which people without much investigation can know what rights are undertaken by a ship with regard to the goods which are carried."

Nach einen bedeutenden Schritt weiter ging Lord Justice Slesser, der mit den Worten[143]):

„I find it very difficult to think that where there has been an international Convention to which various nations have agreed, it would not be contrary to the comity of nations not to give force to these provisions and allow particular individuals to make a special provision for themselves and contract out of the international obligation and agreement."

[138]) A. a. O. S. 83.

[139]) Noch im Vorwort der 11. Auflage (1923) seines Werkes „On Charterparties and Bills of Lading" bezeichnet er das IÜ-Vorhaben als die Freiheit des Handels und der Schiffahrt unerträglich belastend und beeinflussend.

[140]) A. a. O. S. 84 f.

[141]) A. a. O. S. 88.

[142]) A. a. O. S. 86.

[143]) A. a. O. S. 92.

die Frage aufwarf, ob nicht die Mißachtung des IÜ-Gesetzes eines Staates in einem anderen VSt als völkerrechtswidriges Verhalten gewertet werden muß.

Nichts hätte nach alledem nähergelegen als der Schluß, daß es das Recht Palästinas ist, also das Recht des Verschiffungslandes, welches das Vertragsverhältnis beherrscht, und daß die Rechtswahlklausel, die das Konnossement enthielt, unbeachtlich, ja sogar nichtig ist. Hatte doch das Gericht selbst mit Hilfe des palästinensischen Rechts erst ermittelt, daß die COGS-Ordinance Palästinas zwingend angewendet werden wollte und kam erst auf diesem Wege zu der Folgerung, daß der Inhalt der Ordinance Bestandteil der Frachtverträge war.

Was die ausdrücklich geäußerte Wahl englischen Rechts in diesen Verträgen anbetrifft, so konnte diese zwar eingedenk der Tatsache, daß das Bestimmungsland des Transportes England war, daß sich das Schiff in englischer Zeitcharter befand, ja es sich sogar bei den Empfängern der Güter um englische Fruchtimporteure handelte, nicht als zusammenhanglos oder gar willkürlich bezeichnet werden. Die Maßgeblichkeit eines IÜ-Gesetzes entzog den Parteien aber einfach die Befugnis, über das anwendbare Recht zu disponieren.

Gestützt auf die — so hat es den Anschein — Zufälligkeit des Ausdruckes in der Rechtswahlklausel sahen sich die Richter von Court of Appeal dennoch in der Lage, auch dem in der Klausel zutage tretenden Parteiwillen zu entsprechen. Dies geschah in folgender Weise: Da nach dem Wortlaut der Klausel das Konnossement nicht — wie üblicherweise formuliert wird — „governed by . . ." sondern „construed in accordance with English law" werden sollte, sprach das Gericht ihr den Charakter einer Rechtswahlklausel ab[144]). Das Gericht betrachtete das Rechtsverhältnis dann wie folgt: Die pal. COGS-Ordinance war integrierender Bestandteil des Vertrages, dessen Bedeutung nach englischen Rechtsgrundsätzen zu ermitteln war[145]). Um die Richtigkeit der Entscheidung nochmals zu demonstrieren, erörterte Scrutton[146]) „obiter" noch den dia-

---

[144]) Lord Wright ließ mit Recht in der später zu erörternden „Vita Food"-Entscheidung (vgl. unten S. 42 ff. die von Court of Appeal vorgenommene Differenzierung nicht gelten. Die redaktionelle Besonderheit, die der Klausel angeblich die Eigenschaft einer Rechtswahlklausel nehmen sollte, bezeichnet er als „merely verbal" und nicht zu „substantial differences" führend. ([1939] A. C. 277, 299).

[145]) Lord Justice Scrutton a. a. O., S. 84: „Consequently when I come to construe this bill of lading, I read into it those terms. I give perfectly sufficient effect to the clause about English Law, if it has any effect, by saying: „Yes, here is the bill of lading with those terms in it; now construe it according to English Law."

[146]) A. a. O. S. 84.

metral entgegengesetzten Fall eines in England ausgestellten, nach Maßgabe palästinensischen Rechts „zu konstruierenden" Konnossementes. Er hegte keinen Zweifel, daß britische Gerichte einer solchen Vereinbarung entsprechen würden, ließ aber außer acht, daß die brit. COGSA in bezug auf in Großbritannien ausgestellte Konnossemente zwingenden, ja sogar ordre public-Charakter hat, der sich nicht auf den bloßen Wortlaut des Gesetzes beschränken, sondern dessen Auslegung miteinbeziehen dürfte.

Die Frage nach dem „proper law of the contract" ist in dem Verfahren eindeutig nicht beantwortet worden. Wenn — wie den Äußerungen der Richter entnommen werden muß — die palästinensische COGS-Ordinance nur im Wege einer sog. „materiell-rechtlichen Verweisung"[147]) als Teilstück in das Vertragsgefüge gelangt war und der so beschaffene Vertrag englisch-rechtlich „konstruiert" werden sollte, so spricht vieles dafür, daß es die englische Rechtsordnung im „Torni"-Fall war, die im Ergebnis für die maßgebende Rechtsordnung, also des Vertrages „proper law", gehalten wurde[148]).

Das Motiv, welches die Richter im „Torni"-Fall veranlaßte, die Rechtswahlklausel nicht als solche sondern als spezielle Abrede zu behandeln, läßt sich im Zusammenhang mit den von ihnen abgegebenen „opinions" unschwer ermitteln. Erklärtermaßen wollte das Gericht vermeiden, daß das IÜ auf den Fall *nicht* angewendet wird. Hätte Court of Appeal nämlich der Rechtswahl der Parteien uneingeschränkt entsprochen, so würde — dies hat das Gericht wahrscheinlich angenommen — sich die Verweisung auch auf sect. 1 brit. COGSA beziehen. Die Anwendung des nur für ausgehende Transporte geltenden brit. IÜ-Gesetzes wäre dann nicht möglich gewesen, weil es sich aus der Sicht des Gerichtes um einen einkommenden Transport handelte. Das Gericht hat sect. 1 brit. COGSA also entweder für eine Sachnorm gehalten oder die in der Rechtswahlklausel enthaltene Verweisung als etwaige Kollisionsnormen mit umfassende Gesamtverweisung, und nicht als das, was sie — insbesondere nach dem Parteiwillen — sein dürfte, als Sachnormenverweisung qualifiziert[149]). Sect. 1 brit. COGSA ist aber nicht Sachnorm sondern Kolli-

---

[147]) Zitelmann I, S. 270 und II, S. 374; Raape, S. 437; Morris/Cheshire, S. 337 f.; ferner speziell zum „Torni"-Fall Wolf, PIL, S. 454; Mann, Illegality, S. 97 ff.; Dicey, S. 728 f.; Lorenz, S. 92; vgl. ferner *Vita Food v. Unus Shipping* [1939] A. C. 277, 291.

[148]) Lord Wright in seiner Kritik (a. a. O S. 300) instruiert sich weniger an dem Wortlaut der „opinions" im „Torni"-Fall, wenn er sagt: „The effect of the judgement („The Torni") seems to be read the bill of lading as if it expressly provided that it was to be governed by the law of Palestine" (vgl. auch a. a. O. S. 298).

[149]) Vgl. hierzu Raape, S. 62, 67, 439.

sionsnorm[150]), die von dem Verweisungswillen der Parteien nicht mit umfaßt wird und auch nicht umfaßt werden kann[151]). Die Verweisung im „Torni"-Fall bezog sich daher nur auf den materiell-rechtlichen Inhalt, also praktisch die Schedule zur brit. COGSA. Unter dieser Voraussetzung hätte es keinen Unterschied gemacht, ob Court of Appeal palästinensisches Recht oder — der Rechtswahl der Parteien folgend — das in diesem Falle gleichlautende englische Gesetz angewendet hätte. Eine echte Konkurrenz zwischen dem Prinzip der international-privatrechtlichen Parteiautonomie und dem Geltungswillen des IÜ's hat es daher eigentlich im „Torni"-Falle überhaupt nicht gegeben.

Der „Torni"-Fall gibt zu folgenden Feststellungen Anlaß:

1. Es erscheint fraglich, ob Court of Appeal die pal. COGS-Ordinance — sei es auch nur als materiellrechtliche Verweisung — selbst dann in seiner Urteilsfindung berücksichtigt hätte, wenn die Besonderheit der Paramount-Bestimmung in § 4 („to be deemed to have effect") den Richtern nicht den Weg zu der gefundenen Lösung geebnet hätte. Da Palästina (jetzt Israel) mit der Besonderheit seiner Paramount-Regelung allein dasteht, ja sogar in anderen VSten, wie z. B. Deutschland, Frankreich und den skandinavischen Ländern, Paramount-Klauseln überhaupt nicht gefordert werden, ist die Vermutung nicht unbegründet, daß die HR-Gesetze anderer VSten unter den gleichen Umständen unberücksichtigt geblieben wären[152]). Die Paramount-Klausel ist in den Fällen der Gerichtsbarkeit von Staaten des britischen IÜ-Systems demnach nicht mehr ausschließlich deklaratorischer Natur, sondern — sofern es sich um im Gerichtsstaat einkommende Transporte oder um solche des Cross-Verkehrs handelt — wahrscheinlich Anwendungsvoraussetzung des IÜ's schlechthin[153]).
2. Im Falle einer gewöhnlichen Rechtswahl-Klausel („governed by English law") hätte möglicherweise auch Court of Appeal englisches Recht ausdrücklich zum „proper law of the contract" erklärt

---

[150]) Siehe oben S. 34.

[151]) Kahn-Freund, S. 66: „Sect. 1 of the English Act can be regarded as a rule of private international law limiting the application of the Hague Rules to shipments from English ports. If a reference to English law was interpreted as a reference to municipal law only, sect. 1 would not be included in the reference and the Hague Rules would be applicable as part of English law, being the proper law of the contract."

[152]) Nach Ansicht von Colinvaux, S. 114 ist es sogar „klar", daß ohne Inkorporation (durch Paramount-Klausel) die Regeln auf einkommende Konnossemente keine Anwendung finden.

[153]) Die Paramount-Klausel würde sich allerdings dann erübrigen, wenn das entscheidende Gericht in concreto das Recht des Abgangslandes für die das Vertragsverhältnis beherrschende Rechtsordnung hält.

mit der wahrscheinlichen Folge, daß das IÜ ausgeschaltet worden wäre.

3. Die Frage, ob palästinensisches Recht als Vertragsstatut oder im Wege materiellrechtlicher Verweisung zur Anwendung kommt, war im „Torni"-Fall deshalb ohne Bedeutung, weil die IÜ-Bestimmungen in Palästina und Großbritannien im Wortlaut übereinstimmten und zur Zeit der Entscheidung des Falles in gleicher Weise ausgelegt wurden. Nicht jeder VSt stimmt aber in seiner IÜ-Gesetzgebung mit derjenigen Englands überein, bzw. folgt der Auslegung des IÜ's in Großbritannien in jeder Hinsicht. Sie kann daher in anderen Fällen auch materielle Bedeutung erlangen.

4. Der „St. Joseph"-Fall

Ein Teil der Befürchtungen, zu denen der „Torni"-Fall Anlaß gab, erwies sich bereits im folgenden Jahr durch die Entscheidung *„The St. Joseph"*[154]) als begründet:

Eine französische Firma verkaufte der Klägerin, der Regierung von Guatemala, Flugzeuge, die mit dem der Beklagten gehörigen norwegischen Schiff „St. Joseph" transportiert wurden und in beschädigtem Zustand ihren Bestimmungsort erreichten. Verschiffung und Konnossementsausstellung erfolgten in Antwerpen. Die Beklagte verneinte zwar nicht ihre Haftung, berief sich aber auf die Haftungsbestimmungen des IÜ's bzw. des Art. 91 Code de Commerce Belge, der die belgische HR-Gesetzgebung enthält.

Probate Division hielt weder belgisches Recht schlechthin noch speziell das belgische HR-Gesetz für anwendbar, obwohl Art. 91 CCB alle aus- und eingehenden Transporte unabhängig von der Nationalität der Vertragsparteien selbst dann, wenn das Konnossement in einem anderen VSt ausgestellt ist[155]), seiner Herrschaft unterwirft und Art. 91 CCB „ordre public"- Charakter hat[156]).

Justice Bateson setzte sich weder mit der Frage auseinander, inwieweit zwingende Vorschriften des Abschlußortes eines Vertrages von dem Gerichtsstaat zu beachten sind, noch maß er dem Umstand Bedeutung bei, daß Großbritannien und Belgien VSten des IÜ's sind und es sich daher angelegen sein lassen sollten, dem IÜ zur Geltung zu verhelfen. Die Nationen hätten im Falle der HR nicht ein einheitliches Anwendungssystem vereinbart, führte Bateson aus, „manche Nationen haben die HR überhaupt nicht in ihre Gesetzgebung aufgenommen, andere unterscheiden sich in der Art und Weise der Einarbeitung." — Er hielt es für wesentlich, daß weder Norwegen[157]) als Heimatstaat des Schiffes noch

---

[154]) [1933] P. 119.
[155]) Smeesters-Winkelmolen, Bd. 2, S. 249 und 252.
[156]) Smeesters-Winkelmolen, S. 248 ff.; van Bladel, S. 36.
[157]) Norwegen ist erst 1940 VSt geworden.

Guatemala als Bestimmungsland VSten waren und nahm an, daß die Parteien das belgische Gesetz nicht kannten, obwohl es bei „ordre public"-Gesetzen auf die Kenntnis der Parteien von deren Inhalt nicht ankommen sollte. Er kam zu dem Schluß[158]):

„In my view these Rules cannot be considered to be a part of the contract contained in the bill of lading unless the parties to it have clearly agreed that they shall apply, and if it is desired to make the Rules part of the contract contained in the bill of lading, that intention should be expressed in clear terms."

Hier im Falle eines vom britischen Blickpunkt als Cross-Verkehr anzusehenden Transportes wird also ausdrücklich gesagt, daß es der durch Rechtswahl oder materiellrechtliche Verweisung (Paramount-Klausel) kundzutuende Parteiwille ist, der darüber entscheidet, ob das IÜ anzuwenden ist oder nicht, eine Anschauung, die mit dem Wesen eines multilateralen Staatenvertrages nicht vereinbar erscheint.

5. Der „Vita Food"-Fall

Die bedeutendste britische Entscheidung zur Frage des Anwendungsbereiches des IÜ's ist *Vita Food Products, Inc. v. Unus Shipping Co., Ltd.*[159]). Folgender Sachverhalt lag zugrunde:

Die Klägerin war eine in New York eingetragene Gesellschaft, die Beklagte eine ebenfalls eingetragene, den Gesetzen Neu-Schottlands unterstehende Gesellschaft. — Das in Neu-Schottland registrierte Schiff „HURRY ON" der Beklagten hatte eine Ladung Heringe für die Klägerin von Neufundland nach New York zu transportieren. Die Konnossemente waren in Neufundland ausgestellt, welches — damals noch nicht zu Kanada gehörig — eine eigene COGSA, 1932, hatte, die inhaltlich im wesentlichen, insbesondere in den sect. 1 und 3 der brit. COGSA, der sie nachgebildet war, entsprach.

Versehentlich benutzten die Parteien ein altes Konnossementsformular, welches die in sect. 3 neuf. COGSA geforderte Paramount-Klausel, derzufolge die neuf. COGSA das Vertragsverhältnis beherrschen soll, nicht enthielt. Eine in Klausel 7 des Vertrages enthaltene Freizeichnungsbestimmung stand im Einklang mit den Vorschriften über die Haftung des Verfrachters, wie sie das IÜ vorsieht. Eine weitere Vertragsklausel sah vor, daß der Vertrag englischem Recht unterstehen sollte.

Infolge der Fahrlässigkeit des Kapitäns strandete die „HURRY ON" bei schwerem Wetter an der Küste Neu-Schottlands. Die Heringe wurden umgeladen und erreichten New York überwiegend in verdorbenem Zustand. —

Die Klägerin forderte Schadensersatz, den die Beklagte unter Be-

---

158) A. a. O. S. 135.

159) [1939] A. C. 277.

rufung sowohl auf Klausel 7 des Vertrages, einer Freizeichnungsbestimmung, als auch auf Art. IV IÜ zu zahlen ablehnte. Die Klägerin vertrat demgegenüber den Standpunkt, daß die Beklagte einem Versicherer gleich als „common carrier" zu haften habe, weil die Haager Regeln infolge fehlender Bezugnahme (auf die neuf. COGSA) im Konnossement keine Anwendung fänden und andrerseits die Bedingungen im Konnossement infolge gebotswidriger Weglassung der Paramount-Klausel als null und nichtig angesehen werden müßte.

Alle drei mit dem Rechtsstreit befaßten Instanzen wiesen die Klage ab, jedoch mit unterschiedlicher Begründung.

Das neuschottische Gericht sah keinen Grund dafür, aus dem Fehlen der Paramount-Klausel die Nichtigkeit der Konnossemente zu schließen. Offenbar der „Torni"-Entscheidung eingedenk kam es zu dem vernünftigen Schluß, daß der Vertrag — zumal über die Maßgeblichkeit neufundländischen Rechts in concreto zwischen den Parteien keinerlei Streit bestand — der Herrschaft der neuf. COGSA auch ohne ausdrückliche Bezugnahme (Paramount-Klausel) unterstehen müßte („deemed to be subject to the Rules"). Die Haftungsbeschränkungen des IÜ's fänden daher Anwendung.

Von der Qualifikation neufundländischen Rechts als die das Vertragsverhältnis beherrschende Rechtsordnung ging auch der Supreme Court of Nova Scottia aus. Da aber die Parteien sect. 3 neuf. COGSA mißachtet, nämlich die Paramount-Klausel nicht ins Konnossement aufgenommen hatten, hielt dieses Gericht im Gegensatz zur Vorinstanz das Konnossement für „illegal". Klageabweisung erfolgte dennoch in Anwendung des Grundsatzes „in pari delicto melior est conditio defendentis."

Das Judicial Committee des Privy Council schloß sich der Meinung der Erstinstanz insoweit an, als es das Konnossement für gültig hielt, weil sect. 3, also das Paramount-Erfordernis, der neuf. COGSA nur „directory" und nicht „obligatory" wäre. Ausschlaggebend für diese Feststellung war für das Gericht die ratio des neufundländischen Gesetzes und eine Abwägung der Nachteile, die eine gegenteilige Annahme im Gefolge hätte[160]). Obwohl das Gericht die Gültigkeit des Konnossementes anhand des neufundländischen Rechts ermittelt hatte, stellte es alsdann fest, daß in Anbetracht der schon erwähnten Konnossementsklausel englisches Recht als „proper law of the contract", also als Schuldstatut, angesehen werden müßte. Für die Wirksamkeit der Rechtswahl käme es auf sachliche Konnexe des Tatbestandes zum gewählten Recht nicht an. „It is now well settled by English law", begründete Lord Wright[161])

---

[160]) A. a. O. S. 293 und 295.

[161]) A. a. O. S. 289 f.; unter Bezugnahme auf die Entscheidung *Rex v. International Trustee for Bondholders A.-G.* [1937] A. C. 500, und die darin nieder-

„the proper law of the contract is the law which the parties intended to apply... Connection with English law is not a matter of principle essential."[162]) Schließlich wurde festgestellt, daß die neuf. COGSA auch keine extra-territorialen Wirkungen äußern könnte und auch aus diesem Grunde das durch die Parteien als anwendbar bestimmte Recht nicht beiseite zu räumen vermöchte[163]).

Im Ergebnis hielt das Gericht die vertragliche Freizeichnung und nicht die Haftungsbeschränkungen des IÜ's für durchgreifend. Die neuf. COGSA wurde als durch die Rechtswahlklausel ausgeschaltet angesehen, die brit. COGSA nicht für anwendbar gehalten, weil sie infolge ihrer sect. 1 nur ausgehende, nicht hingegen auch einkommende und — wie gerade im „Vita Food"-Fall — England überhaupt nicht berührende Transporte regeln will. Es war offenbar die Ansicht dieses Gerichts, daß die Verweisung auf englisches Recht auch die Kollisionsnorm in sect. 1 der brit. COGSA mitumfaßte. Im Ergebnis fiel also die Sache der internationalen Rechtsvereinheitlichung — wie Devlin[164]) es ausdrückt — „zwischen zwei Stühle": neufundländisches Recht war durch die Rechtswahl ausgeschaltet, die brit. COGSA war wegen sect. 1 auf den Fall nicht anwendbar.

Das Ergebnis der Entscheidung ist um so bedauerlicher, als die Berücksichtigung der Freizeichnungsklausel materiell zu keinem anderen Ergebnis führen konnte, als es die Anwendung der neuf. oder brit. COGSA zur Folge gehabt hätte.

Es erstaunt nicht, daß Privy Council's Entscheidung eine weitreichende und bewegte Diskussion ausgelöst hat, wobei die Tatsache, daß das Urteil dem IÜ einen wesentlichen Teil seiner Wirkung nimmt, in fast allen Kommentaren beanstandet oder zumindest bedauert wird[165]).

---

gelegte „opinion" Lord Atkin's (S. 529): „Their attention will be ascertained by the intention expressed in the contract if any, which will be conclusive."

In der Entscheidung *Mount Albert Borrough Council v. Australasian Temporance und General Mutual Life Assurance Society Ltd.* [1938] A. C. 224 hatte Lord Wright bereits ausgeführt (S. 240): „It may be that the parties have in terms in their agreement expressed what law they intend to govern and in that case prima facie their intention will be effectuated by the Court."

[162]) Erstaunlich ist allerdings, daß im Verlaufe seiner Darlegungen Lord Wright dennoch den Versuch unternahm, eine faktische Beziehung des Falles zu England zu beweisen, indem er darauf aufmerksam machte, daß die „HURRY ON" nach Maßgabe der britischen Merchant Shipping Act, 1894, im kanadischen Schiffsregister eingetragen war und daß die Versicherer des Schiffes mutmaßlich britischer Nationalität waren („likely to be British"). (A. a. O. S. 290 f. — vgl. hierzu Falconbridge, S. 411 Anm. [r.])

[163]) A. a. O. S. 300.

[164]) S. 17.

[165]) Es darf nicht verkannt werden, daß die wesentlichste Bedeutung des

Besonders massive Angriffe gegen die „Vita Food"-Entscheidung wurden von Morris und Cheshire in einer gemeinschaftlichen Stellungnahme[166]) vorgetragen[167]).

Die beiden bedeutenden Autoren halten es für unvertretbar, das Ziel einer sich über alle Handelsstaaten erstreckenden Rechtsvereinheitlichung auf dem Altar eines — in diesem Falle — fruchtlosen international-privatrechtlichen Theorienstreites zu opfern. Mit dem Gewähren unlimitierter Parteifreiheit würde jedermann Tor und Tür geöffnet werden, der Herrschaft des IÜ's auszuweichen. Derartige Versuche müßten vereitelt werden, gleichviel ob es sich um die IÜ-Gesetzgebung der lex fori oder diejenige eines anderen Staates handele. Die Tatsache — so wird weiter ausgeführt —[168]), daß die meisten VSten ihre IÜ-Gesetze nur auf ausgehende Transporte für anwendbar erklärt haben, sollte Grund genug sein, vom international-privatrechtlichen Standpunkt dem Recht des Verschiffungsortes als der lex loci contractus den Vorrang zu geben. Dies müsse jedenfalls dann geschehen, wenn das von den Parteien gekürte Recht — wie im „Vita Food"-Fall — überhaupt keine faktischen Beziehungen zum Tatbestand aufweise. Die Versuche, die das Gericht unternommen habe,

---

Spruches für den anglo-amerikanischen Rechtsbereich in der Stellungnahme zugunsten einer unbeschränkten Parteiautonomie im internationalen Obligationenrecht liegt. Mit der Verkündung des Urteils schien der wissenschaftliche Meinungsstreit zwischen den sog. „Autonomisten" (Dicey, S. 717 ff. [Rule 148] und S. 724 ff.) und den Anhängern einer durch die Sachlage gerechtfertigten Anknüpfung, den „Objektivisten" (Westlake, S. 302 sect. 212; Cheshire, International Contracts, S. 33 ff.) im Sinne ersterer gelöst zu sein. Vgl. hierzu auch Morris, Cases, S. 207 ff.; Falconbridge, S. 407 mit weiteren Hinweisen.

166) „The proper law of a contract in the conflict of laws."

167) Zur international-privatrechtlichen Seite des „Vita Food"-Falles meinen Morris und Cheshire (a. a. O. S. 322) mit überzeugender Argumentation, daß die nahezu unbeschränkte Parteiautonomie „indefensible in principle and unworkable in practice" sei. Im übrigen sei es unnötig gewesen, den Streit der Meinungen in diesem Falle zu diskutieren, zumal die Standpunkte — wie sich im Wege einer genaueren Analyse ergebe — gar nicht so weit auseinanderklafften. Die diesbezüglichen Äußerungen Lord Wright's müßten daher, weil neben der Sache liegend, ols „obiter" gewertet werden. (A. a. O. S. 327.) — Morris bezeichnet übrigens später (Proper law, S. 198) den „Vita Food"-Fall als die „high-water mark" der subjektiven Theorie.

Die internationalprivatrechtliche Seite des Vita Food-Falles kommentieren ferner Cheshire, S. 220; Falconbridge, S. 395 ff.; Cook, S. 419; Stumberg, S. 237; Schmitthoff, S. 133; Kahn-Freund, S. 61 ff.; Mann, Proper Law, S. 60 ff.; Devlin, S. 16; Graveson, Bills of lading, S. 64; Graveson, Conflict, S. 94; Dicey, S. 826; Wolff, PIL, S. 425 f.; McNair, S. 135 und 150.

168) A. a. O. S. 328.

Berührungspunkte zu England zu konstruieren[169]), überzeugten nicht; sie seien „surprisingly lame and unconvincing“ und nicht wert, widerlegt zu werden[170]). Andrerseits beweise bereits die Tatsache des Versuchs einer solchen Konstruktion, daß die Proklamation des unumschränkten Parteiwillens doch nur ein bloßes Lippenbekenntnis sei[171]). Das vom Gericht gefundene Ergebnis sei auch insofern zufällig, als der Gerichtsort erster Instanz in Neu-Schottland und nicht in Neufundland, dem Vertrags- und Verschiffungsland, gelegen war. Ein Gericht im letzteren Land hätte fraglos das IÜ in Gestalt der neuf. COGSA angewendet. Die Vita Food-Entscheidung fordere zu Gesetzesumgehungen direkt auf[172]). Schließlich könne das Verbot, das am Verschiffungsort geltende IÜ-Recht zu derogieren, auch nicht als unerträgliche Belastung der Vertragsfreiheit empfunden werden. Es habe vielmehr im Interesse der Geschäftswelt gelegen, die Verantwortlichkeit des Verfrachters allgemeingültig und klar in einer Konvention festzulegen. Bedauerlich sei daher der Widerspruch zwischen der „Torni“- und der „Vita Food“-Entscheidung. Im ersteren Falle habe immerhin noch eine „factual connection“ zu England bestanden; im letzteren hingegen haben die Parteien — erwiesenermaßen — versehentlich ein altes, auf die neuf. COGSA nicht bezugnehmendes Konnossementsformular verwendet und überdies bei Gericht übereinstimmend erklärt, daß sie neufundländisches Recht angewendet wissen wollten. Von einem Partei*willen* in Richtung auf die Anwendung englischen Rechtes könne daher auch bei natürlicher Betrachtung keine Rede sein[173]).

„The substance of uniformity has given place to a shadow“ faßt

---

[169]) Vgl. oben Anm. 37. — Mit ungewöhnlicher Schärfe werden die zur Stützung der Entscheidung unternommenen Versuche Gutteridge's (S. 323 ff.) zurückgewiesen, den Katalog der vom Gericht dargetanen „factual connections“ zu erweitern. — In ähnlicher Weise wie Gutteridge hat übrigens auch Mann, Proper Law, S. 67, versucht, den Einwand einer „kapriziösen“ Rechtswahl mit dem Hinweis auf die enge Bindung des Schiffahrtsgeschäfts zu England entgegenzutreten, wobei er sich auf eine längst überwundene Rechtssprechung des Hanseatischen Oberlandesgerichts Hamburg (Urt. v. 13. 2. 1934, IPR-Rspr. 1934 No. 38) bezieht. (Daß die Benutzung der englischen Sprache bei der Abfassung seefrachtrechtlicher Verträge nicht länger als ein Indiz für die Rechtswahl der Parteien zu gelten hat, ist nunmehr feststehende Rechtssprechung. — Vgl. BGH, Urt. v. 20. 3. 1956 in „Hansa“ 1956, S. 1499).

[170]) Gegen den unnatürlichen Versuch im „Vita Food“-Falle, an das englische Recht anzuknüpfen, wendet sich Morris ferner in einer späteren Abhandlung (Proper Law, S. 201).

[171]) S. 327.

[172]) Morris, „Note“, S. 23; gleicher Ansicht Cheshire, International Contracts, S. 32.

[173]) S. 321, 325.

— vielleicht etwas überspitzt — Falconbridge S. 396 das Ergebnis seiner in die gleiche Richtung gehenden Stellungnahme zusammen. Er bedauert jedenfalls zu Recht, daß Privy Council ohne Not den Erfolg der Anstrengungen gefährdet hat, die in vielen Staaten im internationalen Interesse unternommen worden sind und spricht von einem „partial wrecking" des IÜ's[174]).

Es verwundert nicht, daß die Kommentare zu der Entscheidung unterschiedliche Blickrichtungen erkennen lassen, je nachdem, ob das Bekenntnis Lord Wright's zur unbegrenzten Parteiautonomie, also die international-privatrechtliche Seite des Falles oder die sich aus dem Spruch für die weitere Anwendung des IÜ's ergebenden Konsequenzen für schwerwiegender gehalten wurden. Die scheinbar unlösbare Verbindung der Probleme, die offenbar nur eine Wahl zwischen international-privatrechtlicher Parteifreiheit und einem vereinheitlichten Seefrachtrecht zuließ, war es daher auch, die als besonders mißlich empfunden wurde. So sagt Morris[175]):

> „The statements made about the proper law of the contract in the Vita Food-Case cannot be divorced from their possible repercussions, on whether parties can be allowed to contract out of the Hague Rules, though the Hague Rules themselves say they cannot. This is a crucial question: either the parties selection of English Law allows them to evade the Hague Rules prevailing at the port of shipment, or it does not. If it does, the result is mischievous in that it stultifies the patient labours of jurists at the International Conference at Brussels. If it does not, then the selection of English law as the proper law seems to destitute of any legal consequence, whatsoever."

Obwohl von dem international-privatrechtlichen Ergebnis des Falles offenbar befriedigt, sieht auch Gutteridge[176]) im Gegensatz zu Mann[177]), der das IÜ bei seinen Überlegungen bewußt außer acht läßt und das Rechtsvereinheitlichungsproblem somit für unwesentlich oder untergeordnet hält, die fatale Auswirkung der Entscheidung auf das Schicksal des IÜ's, dessen Wichtigkeit für den Welthandel er herausstellt. Auch er hält es für unerläßlich, daß die Gerichte der VSten die nationalen IÜ-Gesetze anderer Länder respektieren.

Bemerkenswerte Kritik an Privy Council übt ferner Colinvaux[178]). Er empfindet es als besonders besorgniserregend, daß — als Folge der Entscheidung — es praktisch immer vom Gerichtsort abhängen wird, ob

---

174) S. 401.

175) Proper Law 202; in ähnlichem Sinne Dicey, S. 826: „The logic of the conflict law is here at variance with the need for the unification of commercial law."

176) S. 326.

177) Proper Law S. 65.

178) S. 113 f.; vgl. auch Carver, S. 213.

das IÜ anzuwenden ist oder nicht. Daß die Erreichung des Zweckes des IÜ's somit teilweise vereitelt wird, befürchtet auch Cook[179]). Devlin[180]) hält allerdings das in der Entscheidung gezeigte „gap for evasion" mehr von theoretischer als von praktischer Bedeutung. Graveson[181]) sucht die Schuld für die entstandene Situation mehr auf Seiten der Schöpfer des IÜ's, denen er vorwirft, den Parteien von Seefrachtverträgen hinsichtlich der Rechtswahl viel zu weiten Spielraum gegeben zu haben. — Einseitig gesehen ist es schließlich, wenn Lorenz[182]), obwohl er vom international-privatrechtlichen Standpunkt mit Recht glaubt, der „Vita Food"-Entscheidung eine Bagatellisierung der gesetzlichen Verbote der „lex loci contractus" entnehmen zu können, feststellt, daß Privy Council „im Ergebnis sicher das Richtige getroffen hat", weil eine Haftung weder nach dem IÜ noch auf Grund der Konnossementsbestimmungen eintreten konnte.

Die Kritik an der „Vita Food"-Entscheidung hat vor allem deutlich werden lassen, wie unglücklich die Verkettung von Fragen des Anwendungsbereiches internationaler Abkommen mit der Problematik der Parteiautonomie im IPR sich auswirken kann. Diese Bindung aufzuheben, war daher auch das Ziel mancher konstruktiver Vorschläge. Es ist verständlich, daß dabei auch die Forderung laut wurde, das IÜ abzuändern oder zu ergänzen[183]), ohne daß zuvor andere Mittel erwogen wurden, das IÜ aus der Umklammerung international-privatrechtlicher Dogmatik zu befreien.

Ein Ansatzpunkt hierzu bot sich in der Annahme Lord Wright's[184]), daß im „Vita Food"-Fall kein Anlaß vorgelegen habe, die getroffene Wahl englischen Rechts aus Gründen der öffentlichen Ordnung, der „public policy", unbeachtet zu lassen. Dieser Auffassung widersprechen Morris und Cheshire[185]), indem sie darauf hinweisen, daß nach dem IÜ-Wortlaut selbst — gemeint ist offenbar Art. III § 8 — alle Versuche null und nichtig sind, seine Haftungsbestimmungen abzubedingen oder zu umgehen. Dicey[186]) glaubt, daß — ganz im Gegensatz zu Lord Wright's These — jeglicher Versuch, die Rechtsvereinheitlichung zu behindern, der englischen „public policy" zuwiderlaufen würde. Noch einen Schritt weiter geht Cook[187]). Nach seinem Dafürhalten werden

---

179) S. 426.
180) S. 16.
181) Bills of Lading, S. 67.
182) S. 97.
183) Vgl. unten S. 99.
184) A. a. O. S. 289 f.
185) S. 355.
186) S. 826.
187) S. 426; zustimmend Falconbridge, S. 413.

die Interessen der „international (inter-state) comity" dann verletzt, wenn ein neutraler Staat den Interessen der „public policy" eines anderen Staates oder einer Staatengruppe zuwiderhandelt. Die Gerichte eines Staates sollten sich nicht dazu herbeilassen, Versuche, dem „ordre public" eines anderen Staates zu entgehen, zu unterstützen, zumal, wenn es sich um die Durchsetzung einer internationalen Absprache handele, an der der Gerichtsstaat selbst beteiligt ist.

Obwohl der Gedanke Cook's, in Gestalt eines „ordre public international" ein Regulativ zu schaffen, sicherlich geeignet wäre, in Fällen wie „Vita Food" befriedigendere Lösungen zu ermöglichen, erscheint der Vorschlag praktisch nicht verwirklichungsfähig. Denn — von den Haager Regeln und anderer internationaler Konventionen einmal abgesehen — wie sollen die Gerichte des einen Staates zuverlässig ermessen können, inwieweit die „ordre public"-Gesetze in anderen Staaten zugleich vom Standpunkt des Gerichtsstaates bejahens- oder gar verteidigungswert sind, oder — mit anderen Worten — inwieweit man sich den „ordre public" des anderen zu eigen machen sollte?

Was speziell das IÜ anbetrifft, käme noch ein weiteres hinzu: Der „ordre public" der neuf. oder der brit. COGSA ist nicht mehr derjenige des ursprünglichen Abkommens. Hätte das Zeichnungsprotokoll den VSten nicht die Möglichkeit der sinngemäßen Rezeption eröffnet, wäre das im „Vita Food"-Fall zutage getretene Problem nie praktisch geworden. Denn das IÜ wäre in allen VSten übereinstimmendes, gleichbedeutendes Recht geworden und mit ihm Art. X, in welchem die VSten einzeln und in ihrer Gesamtheit versprochen hätten, auf alle in ihrem Hoheitsbereich ausgestellten Konnossemente das *Abkommen* selbst, nicht ein nationales IÜ-Gesetz, anzuwenden. Ohne das Zeichnungsprotokoll und seine Folgen hätte im „Vita Food"-Falle das Gericht feststellen müssen, daß das Konnossement in einem VSt (Neufundland) ausgestellt war und somit kraft der völkerrechtlichen Verpflichtung, die sich aus Art. X ergibt, das IÜ anwenden müssen. Der praktische Fall zeigt erneut, daß man es versäumt hat oder im Herbst 1923 in Brüssel nicht mehr in der Lage war, Art. X IÜ systematisch und redaktionell mit dem Inhalt des neuhinzugekommenen Zeichnungsprotokolls abzustimmen.

Die Entscheidung von Privy Council erscheint allerdings aus einem anderen, nämlich einem schon bei der Erörterung des „Torni"-Falles angedeuteten[188]), rechtlichen Grund anfechtbar: Nachdem nämlich das Gericht englisches Recht als die von den Parteien gewählte und daher maßgebende Rechtsordnung ermittelt hatte, lehnte es dennoch ab, die brit. COGSA anzuwenden, weil diese nach dem Wortlaut ihrer sect. 1 sich nur auf Großbritannien verlassende Transporte bezieht. Privy Coun-

---

[188]) Vgl. oben S. 39 f.

cil hat entweder übersehen, daß sect. 1 brit. COGSA eine Kollisionsnorm ist, auf die sich die Rechtswahlklausel des Konnossementes nicht erstreckt, weil der Parteiwille solche Vorschriften in der Regel nicht mitumfassen will, oder stand tatsächlich rechtsdogmatisch auf dem Standpunkt, daß die Rechtswahl der Parteien als Gesamtverweisung und nicht als bloße Sachnormverweisung zu deuten ist[189]).

Ein Anhaltspunkt in letzterer Hinsicht ist insofern gegeben, als in dem dictum Lord Wright's in anderem Zusammenhang die Verweisung auf *englisches* Recht zugleich als eine solche auf die englischen Konfliktsnormen, also als Gesamtverweisung, angesehen wurde. Lord Wright wandte nämlich englisches internationales Privatrecht („rules relating to the conflict of laws") an um festzustellen, welchen Einfluß es auf die Gültigkeit der Konnossemente hatte, daß sie die in sect. 3 der neuf. COGSA vorgeschriebenen Paramount-Klauseln nicht enthielten. — Es ist aber — wie Falconbridge[190]) vermutet — möglich, daß die Bezugnahme auf das englische Konfliktrecht als ein „lapsus calami" auf Seiten Lord Wright's angesehen werden muß. Sowohl Falconbridge als auch Morris/Cheshire[191]) tragen überzeugende Argumente dafür vor, daß die Annahme des Gerichts — sofern es wirklich den Hinweis auf englisches Recht als eine Gesamtverweisung aufgefaßt hatte — irrig ist und in der praktischen Konsequenz zu einem „circulus inextricabilis" führen würde[192]).

Hätte jedenfalls Privy Council sect. 1 brit. COGSA als das was sie ist,

---

[189]) Vgl. auch oben S. 39 f. und Anm. 151; siehe ferner Lorenz, S. 117 f., insbesondere Anm. 54 mit weiteren IPR-Hinweisen.

[190]) S. 404 ff.

[191]) S. 333 ff.

[192]) Kahn-Freund, S. 66: „It was suggested by Lord Wright that reference to English law as the proper law includes a reference to English conflict rules which incidentally would seem to import the recognition of renvoi in the field of contracts. One wonder whether this is a desirable theory. If the parties submit to English law they want their agreement to be governed by the rules of English municipal law and not to be refered to a third system. Moreover, if a reference to English law was interpreted as a reference to municipal law only, the possibility of evading the Hague Rules could be restricted."

Morris/Cheshire, S. 333: „It is obvious that nothing can govern these matters except the internal rules of some legal system ... Having selected the appropriate system of internal law, the rules of the conflict of laws withdraw altogether: otherwise there would be a confusion between the function of the conflict rules and that of the proper law. Moreover, it is seriously to be believed that parties are free to dictate to the forum what system of private international law it shall administer."

Falconbridge S. 405: „If the parties have expressly selected the proper

nämlich als Kollisionsnorm erkannt und bei der Anwendung des sachlichen britischen Rechts außer Betracht gelassen, so hätte die als gültig akzeptierte Verweisung auf englisches Recht sich auch auf die sect. 2 ff. und die Schedule der brit. COGSA erstrecken müssen[193]). Die praktische Folge wäre gewesen, daß nicht die Haftungsbestimmungen des Konnossementes sondern diejenigen der Schedule zur brit. COGSA, die mit derjenigen der neuf. COGSA vollständig übereinstimmen, zum Zuge gekommen wären. Das Ziel des IÜ's wäre ebenso gewahrt geblieben, wie wenn die lex loci contractus, also das neufundländische Recht, als das Rechtsverhältnis beherrschend angesehen worden wäre. Die unglückliche Verflechtung des Anwendungsbereiches des IÜ's mit den Problemen der internationalprivatrechtlichen Parteiautonomie wäre aufgehoben worden, die Anerkennung englischen Rechts als maßgebende Rechtsordnung hätte der Anwendung des IÜ's nicht länger im Wege gestanden.

So, wie die „Vita Food"-Entscheidung tatsächlich ausgefallen ist, muß sie jedes Fortschreiten der mit dem IÜ erstrebten Rechtsvereinheitlichung behindern.

6. Der „Ocean Steamship"-Fall

Eine aufschlußreiche Stellungnahme der englischen Judikatur zu den Fragen im Zusammenhang mit dem Anwendungsbereich des IÜ's enthält schließlich *Ocean Steamship Company, Ltd. v. Queensland State Wheat Bord*[194]):

Mit einem Schiff der Klägerin wurde Weizen von Brisbane (Australien) nach Liverpool und Glasgow transportiert. — Klausel 1 der Konnossemente erklärte die austr. COGSA 1924, die in sect. 9 australisches Recht als ausschließlich anwendbar bestimmt, für maßgebend und alle mit diesem Gesetz unvereinbaren Konnossementsbedingungen für „null und nichtig". Klausel 16 des Konnossements unterstellt den Vertrag englischem Recht („governed by English law").

Es wurden Ansprüche wegen nicht sachgerechter Ladungsbehandlung geltend gemacht. Court of Appeal entschied, daß die auf australisches Recht verweisende Klausel eine anderweitige Rechtswahl nicht zuließe, das gewählte englische Recht daher nicht angewendet wer-

---

law of a contract, it is submitted that the presumption is even stronger that they intend to refer to the domestic rules of that law."

Eigentümlicherweise wird die Anwendung der sect. 1 brit. COGSA, die die gleiche Problematik aufwirft wie die Ausführungen Lord Wright's zur Gültigkeit des in Neufundland ausgestellten Konnossements — im Gegensatz zu Kahn-Freund (S. 66) — weder von Morris und Cheshire noch von Falconbridge beanstandet.

193) Sect. 3 brit. COGSA (Paramount-Erfordernis) wäre allerdings gegenstandslos gewesen.

194) [1941] 1 K. B. 402.

den könnte und im übrigen der Fall ausschließlich in Australien judiziert werden dürfte.

Da die primäre Frage wiederum diejenige nach dem „proper law of the contract" war, hing auch hier wieder die Anwendung des IÜ's von der Anschauung des Gerichts über die Grenzen der international-privatrechtlichen Parteiautonomie ab. Seine Besonderheit erlangte der Fall durch die Eigenheiten der austr. COGSA[195]), auf die global verwiesen worden war und deren sect. 9 wie folgt lautet:

„(1) All parties to any bill of lading or document relating to the carriage of goods from any place in Australia to any place outside Australia shall be deemed to have intended to contract according to the laws in force at the place of shipment and any stipulation or agreement to the contrary, or purporting to oust or lessen the jurisdiction of the courts of the Commonwealth or of a State in respect of the bill of lading or document, shall be illegal, null and void, and of no effect.

(2) Any stipulation or agreement, whether made in the Commonwealth or elsewhere, purporting to oust or lessen the jurisdiction of the courts of the Commonwealth or of a State in respect of any bill of lading or document relating to the carriage of goods from any place outside Australia to any place in Australia shall be illegal, null and void, and of no effect."[196])[197])

Mac Kinnon und Luxmoore L. J. J.[198]) näherten sich der Problematik des Falles in der Weise, daß sie zunächst die Wahl englischen Rechts in Klausel 16 des Konnossementes als gültig[199]) und den Hinweis in Klausel 1 auf die Austr. COGSA als materiellrechtliche Verweisung[200]) behandelten. Sie ermittelten alsdann, der Verweisung der Klausel 1 des Konnossementes folgend, in sect. 9 austr. COGSA die weitere, mit Klausel 16 konkurrierende, australisches Recht für maßgeblich erklärende Vor-

---

[195]) Wortlaut bei Scrutton, S. 553 und Carver, S. 154; Markianos, S. 235 f.

[196]) Sect. 9 austr. COGSA, deren Inhalt in den IÜ-Gesetzen der anderen VSten sonst ohne Parallele ist, ist nachgebildet und als sect. 7 in die Sea Carriage of Goods Ordinance, 1926 der Fidschi-Inseln eingefügt worden (Astle, S. 281). Sie gilt ferner in Nauru (Colinvaux, S. 154, Anm. 5). Eine dem Abs. 2 entsprechende Vorschrift ist als sect. 310 (6) der Merchant Shipping Act, 1951 in der Südafrikanischen Union vorgesehen (Colinvaux, S. 159 Anm. 13 a).

[197]) Abs. 2 der sect. 9 konnte im „Ocean Steamship"-Fall unerörtert bleiben. Die Bedeutung dieser Vorschrift wird noch an späterer Stelle behandelt werden (siehe unten S. 88 f.).

[198]) A. a. O. S. 441 und 414.

[199]) Luxmoore L. J. a. a. O. S. 414: „There was no provision in the contract to contradict it."

[200]) Vgl. oben S. 39 f.

schrift. Lord Justice Mac Kinnon[201]) erklärte alsdann freimütig, daß er ohne weiteres der Verweisung auf englisches Recht den Vorzug gegeben, also der Rechtsvereinheitlichung erst in zweiter Linie gedacht hätte, wenn beide, unterschiedliche Rechtsordnungen vorschreibende Normen als gleichwertig und gleichrangig hätten angesehen werden können[202]). Sämtliche mit dem Streitfalle befaßten Richter sahen sich aber außerstande, die Nichtigkeitsandrohung in sect. 9 Abs. 1 austr. COGSA zu ignorieren, die ihres Erachtens in der Wirkung stärker war als die Klausel 16 des Vertrages (Wahl englischen Rechts). Australisches Recht wurde als Schuldstatut anerkannt[203]) und die austr. COGSA nicht als vertraglich gesetztes Recht sondern als Bestandteil der maßgebenden Rechtsordnung angewendet.

Die Stellungnahmen, die das Urteil hervorgerufen hat, gehen weitgehend in die gleiche Richtung wie im „Vita Food"-Fall. Morris[204]) stellt bedauernd fest, daß Court of Appeal weiter den Weg geht, die Parteien seefrachtrechtlicher Verträge zu ermutigen, den Haager Regeln auszuweichen, ein Ergebnis, das er als „fatal und verhängnisvoll" kennzeichnet und ihn dazu anregt, eine Ergänzung des IÜ-Textes vorzuschlagen. Vor allem hält er es für mißlich, daß das Gericht sich wiederum nicht mit der Frage auseinandergesetzt hat, ob nicht die englisches Recht anordnende Konnossementsklausel überhaupt unverträglich ist mit den zwingenden Statuten des Abschlußortes (hier der austr. COGSA), denen beide Parteien bei Vertragsschluß unterworfen waren[205]).

Ohne Frage ist das Urteil von Court of Appeal in der Konstruktion befriedigender als Privy Council's Spruch im „Vita Food"-Falle. Obwohl zunächst nur als materiellrechtliche Verweisung angenommen, gibt das Gericht schließlich doch dem „ordre public"-Recht Australiens nach,

---

[201]) A. a. O. S. 411.

[202]) Das IÜ wäre solchenfalls nicht wie im „Vita Food"-Falle ausgeschaltet worden sondern — in Gestalt der austr. COGSA — wie im „Torni"-Fall als Vertragsrecht zur Geltung gekommen.

[203]) Luxmoore L. J. a. a. O. S. 415: „(Clause 16) ... must therefore, as a matter of construction of the contracts be ignored, with the result that the contracts are to be governed according to the true meaning of the parties as expressed in the contracts, in accordance with Australian law."

[204]) Choice of Law S. 177.

[205]) „Note" S. 23 — Nicht gefolgt werden kann Morris in der Feststellung, daß die Richter von Court of Appeal die Bezugnahme auf die austr. COGSA auch im Ergebnis als materiellrechtliche Verweisung behandelt haben. Lorenz (S. 117 f.), der eine eingehende internationalprivatrechtliche Analyse des Falles vornimmt, entnimmt den Schlußfolgerungen der Richter zutreffend, daß australisches Recht als „proper law" angesehen wurde. — Zur IPR-Seite des Falles vgl. ferner Graveson, Conflicts, S. 19 ff.

welches auf diesen Fall als maßgebende Rechtsordnung begehrte angewendet zu werden.

Obwohl im sachlichen Ergebnis kein Unterschied bestehen würde, läßt sich aber dennoch nicht behaupten, Court of Appeal respektiere grundsätzlich die zwingenden Normen der lex loci contractus. Das befriedigende Ergebnis des „Ocean Steamship"-Falles ist weniger systematisch als zufällig bedingt: Die Besonderheit des australischen Rechts, speziell der austr. COGSA, und — vielleicht — die Rücksichtnahme auf die Gesetzgebung eines Commonwealth-Staates, dürften bei der Rechtsfindung von Einfluß gewesen sein.

7. Zusammenfassung

Als zukünftige Leitfälle (leading cases) kommen nach h. M. somit nur „Vita Food" und — mit Einschränkung — „The Torni" in Betracht[206]). An dieser Feststellung ändert sich auch dadurch nichts, daß tatsächlich bereits einige Male zumindest die international-privatrechtliche Konzeption der unbedingten und nahezu uneingeschränkten Parteiautonomie in Gerichtsentscheidungen des englischen Rechtskreises Angriffen ausgesetzt war[207]). Privy Council und Court of Appeal sind — abgesehen von House of Lords — die höchsten Instanzen des englischen Gerichtswesens. — Ein plötzlicher Wandel der Rechtsanschauung, die in den beiden Leitfällen offenbar geworden ist, ist kaum zu erwarten. Es muß somit davon ausgegangen werden, daß die Grundsätze der „Vita Food"-Entscheidung weiterhin in ähnlichen Fällen befolgt werden. Die Feststellung

---

[206]) Morris, Choice of Law, S. 177; Graveson, Cases, S. 299; Gutteridge, S. 324; McNair, S. 135 u. 150; Lorenz (S. 101) meint zwar, Privy Council sei der Rechtsentwicklung etwas vorausgeeilt, zieht die Autorität des „Vita Food"-Falles aber nicht in Zweifel.

[207]) So widersprach Lord Justice Denning in der Court of Appeal-Entscheidung *Roissevain v. Weil* [1949] 1 K. B. 482, 491, der These Lord Wright's im „Vita Food"-Falle: „Notwithstanding what was said in Vita Food ..., I do not believe that parties are free to stipulate by what law the validity of their contract is to be determined. Their intention is only one of the factors to be taken into account ... It depends not so much on the place where ... (the contract) ... is made, nor even on the intention of the parties ... but on the place with which ... (the case) ... has the most substantial connections."

Der gleiche Richter sagte in *„The Fehmarn"* [1957] 2 Ll. L. Rep. (Court of Appeal) 551 (555): „I do not regard the choice of law in the contract as decisive. I prefer to look to see with what country is the dispute most closely concerned."

Ferner wurde in der Entscheidung des High Court of Australia in Sachen *Mynott v. Barnard* (62 C. L. R. 68, 80) die Ansicht vertreten, daß die Parteiautonomie vor den zwingenden Normen des Abschlußortes halt machen müßte.

wiegt um so schwerer, als die richtungsweisende Funktion der Rechtsprechung der höchsten englischen Gerichte nicht an den Grenzen des Mutterlandes aufhört, sondern sich über das gesamte Commonwealth erstreckt[208]) und in gewissem Umfange auch die amerikanische Rechtsanschauung prägt[209]).

Der Standpunkt der englischen Gerichte zum IÜ läßt sich zusammengefaßt wie folgt umreißen:

1. Als Gesetz wenden englische Gerichte die Normen der brit. COGSA nur auf Fälle ausgehender Transporte an.
2. Verweisungen in den Konnossementsbedingungen auf englisches Recht führen im Falle heimkommender oder englisches Territorium nicht berührender Transporte *nicht* zur Anwendung der brit. COGSA, weil die britischen Gerichte in solchen Fällen die Verweisung als die englischen international-privatrechtlichen Kollisionsnormen mitumfassend ansehen und demzufolge auch die kollisionsrechtliche Bestimmung der sect. 1 brit. COGSA anwenden.
3. Die IÜ-Gesetze anderer Staaten werden als solche in England nur dann berücksichtigt, wenn das Recht des betreffenden Staates Vertragsstatut („proper law of the contract") ist.
4. Bezugnahmen auf die IÜ-Gesetze anderer Staaten werden aber von den britischen Gerichten als vom Schuldstatut unabhängige materiellrechtliche Verweisungen aufgefaßt.
5. Ob die Gerichte in England im Falle einkommender Transporte oder solchen des Cross-Verkehrs ausdrückliche Verweisungen auf die brit. COGSA als materiellrechtliche Verweisungen — wie Ziff. 4 — behandeln werden oder sie — analog Ziff. 2 — unbeachtet lassen werden, ist noch unentschieden.
6. Fest steht ferner, daß englische Gerichte heimkommende Transporte und solche des Cross-Verkehrs selbst dann nicht nach Maßgabe des IÜ's beurteilen werden, wenn die Konnossemente in einem VSt ausgestellt sind. Lediglich mit Hilfe einer Rechtswahl- oder Paramount-Klausel würde sich in solchen Fällen die Anwendung der IÜ-Bestimmungen als Normen des Schuldstatuts oder als materiellrechtliche Verweisung erreichen lassen.

Als praktische Konsequenz ergibt sich, daß in Anbetracht der „Vita Food"-Entscheidung proklamierten, nahezu unlimitierten Freiheit der Rechtswahl es den Parteien unbenommen bleibt, der Herrschaft des IÜ's auszuweichen. Diese Möglichkeit entfällt nur in den Fällen ausgehender Beförderungen.

---

[208]) Colinvaux sagt (S. 112) in dieser Hinsicht zur „Vita Food"-Entscheidung: „It would almost certainly be followed in a Dominion or Colony."

[209]) Knauth, Bill of Lading, S. 159.

8. Jurisdiktionsklauseln in Seefrachtverträgen

Noch ein anderer Prüfstein für das Ausmaß der erreichten Rechtsvereinheitlichung ist zu beachten: Die Berücksichtigung von Jurisdiktions-Klauseln durch die Gerichte der VSten.

So wie die Vertragsparteien im allgemeinen die Freiheit haben, ihr Vertragsverhältnis materiell zu gestalten, muß es ihnen prinzipiell unbenommen bleiben, auch den Gerichtsort frei zu wählen, an welchem sie etwaige aus der Vertragsbeziehung sich entwickelnde Streitigkeiten austragen können. — Vom Standpunkt des IÜ's bestehen gegen den Gebrauch dieser Art von Gestaltungsfreiheit solange keine Bedenken, als die Gerichtswahl nicht mit dem Ziel oder auch nur — unbeabsichtigt — mit dem Erfolg der Ausschaltung des IÜ's vorgenommen wird. Ob die Gerichtsstandsvereinbarung als eine kaschierte Auskontrahierung des IÜ's anzusehen ist, kann letztlich jeweils nur nachträglich und eingedenk des Ergebnisses der Entscheidung des gewählten Gerichts beurteilt werden.

Es dürfte allerdings feststehen, daß das Vorliegen eines Umgehungstatbestandes mit Sicherheit nicht anzunehmen ist, wenn die Parteien sich auf einen Gerichtsort einigen, der im Ausstellungsland des Konnossementes, das in der Regel mit dem Abgangsland der Güter identisch ist, gelegen ist.

Bereits hinter der Wahl eines Gerichtsortes in einem anderen VSt kann sich die Absicht verbergen, der Anwendung der IÜ-Bestimmungen entgehen zu wollen. Dies ist jedenfalls dann der Fall, wenn dieser Staat — wie z. B. England — sein IÜ-Gesetz nur auf ausgehende Ladungen zwingend anwendet *und* das Konnossement keine auf das Recht des Verschiffungslandes verweisende Rechtswahl- oder Paramountklausel enthält, bzw. eine solche Stipulation von dem entscheidenden Gericht nicht anerkannt wird. Wendet hingegen der gewählte Gerichtsstaat sein IÜ-Gesetz zwingend an und läßt das Recht des Verschiffungslandes außer Betracht — dies kann z. B. in den USA eintreten, deren IÜ-Gesetz auch für einkommende Transporte zwingend gilt — so dürfte eine Umgehung selbst dann nicht anzunehmen sein, wenn das zum Zuge kommende IÜ-Gesetz von demjenigen des Verschiffungsstaates materiell abweicht.

Unterwerfen sich die Parteien hingegen der Gerichtsbarkeit eines NVStes, so ist der Tatbestand einer fraudulösen Gerichtswahl jedenfalls dann gegeben, wenn dort die zwingenden Vorschriften der lex loci contractus nicht berücksichtigt werden, eine das Recht des Verschiffungslandes vorschreibende oder eine Paramount-Klausel fehlt, bzw. am Gerichtsort nicht anerkannt wird.

Der englische Standpunkt zur Frage der Prorogation ist bislang nur in wenigen Fällen und wohl auch noch nicht abschließend zum Ausdruck gekommen:

a) In *Maharani Woollen Mills Co. v. Anchor Line*[210]) waren Güter des Klägers mit einem Schiff der Beklagten von Liverpool nach Bombay befördert worden und hatten dabei Teilschaden erlitten. Laut Konnossement sollten alle entstehenden Claims im Bestimmungshafen nach Maßgabe englischen Rechts geregelt werden. Court of Appeal verneinte die Zuständigkeit englischer Gerichte. Lord Justice Scrutton[211]) wies den Einwand des Klägers zurück, die Wahl des indischen Gerichtsstandes verstoße gegen Art. III § 8 des IÜ's[212]), Art und Ausmaß, der dem Verfrachter im IÜ auferlegten Haftung würden sich verändern, sie sei daher nichtig.

„The only difference is a question of procedure", erläuterte Scrutton seine Auffassung. „Where shall the law be enforced? — and I do not read any clause as to the procedure as lessening liability."[213])

b) Das Prinzip der freien Gerichtswahl bestätigte ferner Admirality Court im Falle „The Media"[214]), der sich tatbestandlich vom „Maharani"-Fall allein dadurch unterschied, daß Hamburg Abgangshafen war.

c) Im Falle „The Fehmarn"[215]) war die entgegengesetzte Frage zu entscheiden, nämlich die, inwieweit die Jurisdiktion britischer Gerichte entgegen ausdrücklicher Parteiabrede besteht. Das Gericht ignorierte eine Vereinbarung, derzufolge vor einem Gericht der UdSSR nach sowjetischem Recht judiziert werden sollte. Es wurde wiederum der Bereitschaft Ausdruck verliehen, grundsätzlich Gerichtsstandsabreden tolerieren zu wollen. In diesem Falle hätte aber der Sachverhalt mit der UdSSR gar keine Berührungspunkte gehabt, und dem westdeutschen Reeder sei es nur darauf angekommen, mit Hilfe der Klausel jegliche Rechtsverfolgung unzumutbar zu erschweren.

d) Inwieweit Gerichtsstandswahlen in England auch dann berücksichtigt werden würden, wenn sie von der Absicht getragen wären, das IÜ zu umgehen oder — absichtslos — zu dessen Ausschaltung führen würden, läßt sich auf Grund der vorliegenden Entscheidungen noch nicht abschlie-

---

210) [1927] Ll. L. Rep. 169 (Court of Appeal).

211) A. a. O. S. 169.

212) „Die Haftung des Unternehmens oder des Schiffes für Verlust oder Beschädigung von Gütern soll, soweit der Schaden auf Verschulden oder auf Nichterfüllung der in diesem Artikel vorgesehenen Verpflichtungen oder Verbindlichkeiten beruht, im Frachtvertrag weder ausgeschlossen *noch in anderer Weise, als in diesem Übereinkommen vorgeschrieben ist, beschränkt werden können.*"

213) Zustimmend Carver, S. 193 f.

214) [1931] 41 Ll. L. Rep. 80.

215) [1957] 2 Ll. L. Rep., S. 551 (Court of Appeal); Vorinstanz: [1957] 1 Ll. L. Rep., S. 511 (Admirality Division).

ßend beurteilen. — Im „Maharani“-Falle konnte auch die von Court of Appeal angenommene Zuständigkeit der indischen Gerichte der Anwendung des IÜ's keinen Abbruch tun, weil englisches Recht im Konnossement als das Vertragsverhältnis beherrschende Rechtsordnung vorgeschrieben war und mit einiger Sicherheit davon ausgegangen werden konnte, daß das indische Gericht die englische COGSA anwenden würde. Ob sect. 1 brit. COGSA als eine Kollisionsnorm zu qualifizieren ist oder nicht, konnte in diesem Falle für die indischen Gerichte dahingestellt bleiben, weil es sich um eine ausgehende Beförderung im Sinne der sect. 1 der brit. COGSA handelte. — Wie aber, wenn englisches Recht nicht ausdrücklich als maßgeblich stipuliert worden wäre und das indische Gericht — wozu der Sachverhalt Anlaß gab — indisches Recht angewendet hätte? Hätte unter solchen Umständen das indische Gericht der Richtlinie des „Vita Food“-Falles befolgt, so wäre das IÜ wiederum „zwischen zwei Stühle gefallen“. Denn die englische COGSA wäre nicht anwendbar gewesen und auch die dem englischen Vorbild folgende indische COGSA nicht, weil aus indischer Sicht ein einkommender Transport vorgelegen hätte. —

Keine Gelegenheit hatten die englischen Gerichte bislang, sich zur Frage der Gültigkeit von Gerichtsstandsklauseln in den Fällen zu äußern, in denen die Zuständigkeit des Gerichtes eines NVStes vereinbart war. Sollte jedoch Lord Justice Scrutton's überhaupt nicht differenzierende These als allgemein gültig erachtet werden, würde also jegliche Gerichtstandsvereinbarung als mit Wortlaut und Sinn der COGSA bzw. des IÜ's vereinbar angesehen werden, so würde auch in diesen Fällen entsprechenden Parteiabsprachen stattgegeben und auf diese Weise jeglicher Umgehungsabsicht ein Weg gewiesen werden.

III. Deutschland

Obwohl zu den Zeichnerstaaten des IÜ's gehörend, hatte sich das Deutsche Reich erst 1939[216]) zur Ratifikation entschlossen[217]). Die Ratifikation erfolgte, nachdem Gewißheit darüber bestand, daß auch die skandinavischen Staaten das IÜ akzeptieren würden, ein Umstand, der für die deutsche Ostseeschiffahrt von besonderer Bedeutung war[218]). Deutschland nutzte die im Zeichnungsprotokoll zum IÜ gegebene Befugnis zur

216) Datum der Ratifikation: 1. Juli 1939.

217) Vgl.: „Bekanntmachung über das Internationale Abkommen zur einheitlichen Feststellung von Regeln über Konnossemente vom 25. 8. 1924“ (RGBl. II, 1939, S. 1049) mit der amtlichen Übersetzung des IÜ's. — Wortlaut der amtlichen Übersetzung des IÜ's ferner bei Gramm, S. 22 f.

218) Möller, Umbruch, S. 407; Wüstendörfer, NSHR, S. 32.

nicht wortgetreuen Rezeption des IÜ's und paßte sein Handelsgesetzbuch der Konvention nur in den Grundsätzen an[219]). Das geänderte Handelsgesetzbuch ist seit dem 1. Januar 1940 in Kraft[220]). Das Gesetz enthält — im Gegensatz zur Mehrzahl der IÜ-Gesetze der anderen VSten — keine Umschreibung seines absoluten Anwendungsbereiches. Lediglich aus Art. 2 der Durchführungs-Verordnung vom 5. 12. 1939 ergibt sich, daß § 662 HGB, der das dem IÜ angepaßte Recht des HGB's für zwingend anwendbar erklärt, auf Verschiffungen mit deutschen Schiffen zwischen deutschen Häfen nicht anwendbar ist und ferner nicht gilt:

> „für Konnossemente, die nicht Verschiffungen *nach* einem Hafen des Deutschen Reiches betreffen und die weder innerhalb des Deutschen Reichs noch innerhalb des Gebiets eines Staates ausgestellt sind, der dem am 25. August 1924 in Brüssel unterzeichneten Internationalen Abkommen zur Vereinheitlichung von Regeln über Konnossemente (RGBl. 1939 II S. 1049) beigetreten ist."

Der Umkehrungsschluß aus Art. 2 der DVO läßt zwar erkennen, daß der Gesetzgeber die Vertragsfreiheit in bezug auf die Ausgestaltung seefrachtrechlicher Verträge weitgehend ausgeschaltet wissen will, indem er die deutschen Gesetzesbestimmungen zwingend gestaltet hat für alle einkommenden Transporte[221]) und ferner für alle anderen Transporte, sofern das Konnossement in Deutschland oder einem anderen VSt ausgestellt worden ist[222]). Auch für Verladungen von NVSten nach Deutschland gelten also die dem IÜ angepaßten Bestimmungen des deutschen Handelsgesetzbuches.

---

219) Gesetz zur Änderung von Vorschriften des Handelsgesetzbuches über das Seefrachtrecht vom 10. 8. 1937 (RGBl. I, S. 891) — Amtliche Begründung des Gesetzes in Reichs- und Preußischer Staatsanzeiger 1937 No. 186, abgedruckt bei Gramm, S. 72.

220) Art. 1 der Verordnung zur Durchführung des Gesetzes zur Änderung von Vorschriften des Handelsgesetzbuches über das Seefrachtrecht vom 5. Dezember 1939 (RGBl. I, S. 2501).

221) Die ausnahmslose Anwendung der Bestimmung auf einkommende Transporte dürfte auf die frühere deutsche Gerichtspraxis auf dem Gebiete des internationalen Privatrechts zurückzuführen sein, derzufolge — sofern ein Parteiwille nicht erklärt oder ermittelbar war — das Recht des Bestimmungshafens als des Erfüllungsortes seefrachtrechtlicher Verträge angewendet wurde. Demgegenüber wurde in den übrigen schiffahrttreibenden Nationen vorzugsweise an das Recht des Abgangsortes angeknüpft. Vgl. hierzu Raape, S. 445 u. 448 f.; Liesecke, S. 238 Ziff. 11 u. 12.

222) Diese Interpretation des mehrdeutig formulierten Art. 2 DVO entspricht der herrschenden Auffassung. Vgl. Wüstendörfer, NSHR, S. 280; Abraham, Seerecht, S. 124; Markianos, S. 93; A. A.: Stödter, Statutenkollision, S. 227, der § 662 auf sämtliche ausgehenden und auf diejenigen Verschiffungen für anwendbar hält, die von einem Hafen eines VStes ausgehen; vgl. auch

Die entscheidende Frage ist indessen, ob nach dem Willen des deutschen Gesetzgebers der zwingende Charakter des deutschen IÜ-Rechts sich über das eigentliche Vertragsrecht hinaus auch auf das internationale Privatrecht erstrecken soll und speziell die dort zulässige Parteiautonomie beeinflußt. Der Wortlaut des Art. 2 DVO nötigt nicht unbedingt zu der Annahme, daß die zwingende Anwendung der in § 662 HGB genannten, dem IÜ nachgebildeten Bestimmungen des HGB zunächst einmal die Maßgeblichkeit deutschen Rechts voraussetzt. Die herrschende Meinung nimmt dies aber an[223]). Mit Sinn und Aufgabe des IÜ's ist es aber gewiß nicht vereinbar, wenn es praktisch ins Belieben der Parteien gestellt ist, sich den IÜ-Regeln zu unterwerfen oder durch einfache Rechtswahl zu entziehen. Die im anglo-amerikanischen Rechtskreis so bedeutende Frage, ob und inwieweit sich die Parteiautonomie an den unabdingbaren Rechtssätzen der lex fori bricht, ist jedenfalls in Deutschland bislang unerörtert geblieben.

Die — allerdings nicht sehr umfangreiche — Rechtsprechung seit dem Inkrafttreten der neuen seefrachtrechtlichen Bestimmungen des HGB hat wenn auch nicht mit letzter Klarheit erkennen lassen, daß sie gewillt ist, die Rechtswahl der Parteien selbst dann zu beachten, wenn es sich um Verschiffungen handelt, die — sofern Art. 2 DVO in Verbindung mit § 662 HGB „ordre public"-Grundsätze enthielte — nach deutschem Recht zu beurteilen wären.

Im Falle eines Transportes von Piräus nach Hamburg mit einem deutschen Schiff wendete der Bundesgerichtshof[224]) zutreffend deutsches Recht an. Er begründete dies allerdings nicht damit, daß es sich um einen — aus deutscher Sicht — einkommenden Transport handelte, sondern damit, daß in derartigen Fällen nach ständiger Rechtsprechung deutsches Recht als das Recht des Bestimmungshafens (Erfüllungsortes) maßgebend wäre und die Parteien außerdem in Ziff. XXIV ihrer Konnossementsbedingungen deutsches Recht gewählt hätten.

Auf das Recht des Bestimmungshafens wird ebenfalls in dem BGH-Urteil vom 26. 9. 1957[225]) Bezug genommen (Mais von Santos nach Hamburg bzw. Rotterdam). Wörtlich heißt es[226]):

„Soweit deutsches Recht anwendbar ist, mag darauf hingewiesen

---

Stödter, Konnossementsklauseln, S. 70 f.; wie die herrschende Meinung CMI-Doc. Con 13 (Deutschland); ungenau Reithmann, S. 246.

[223]) Stödter, Konnossementsklauseln, S. 70; Markianos, S. 93; Capelle, Gutachten, S. 8 f. und offenbar auch Wüstendörfer, NSHR, S. 280 („... soweit deutsches Recht anzuwenden ist ...").

[224]) Urteil vom 20. 5. 1952 BGHZ Bd. 6, S. 127 ff.

[225]) BGHZ Bd. 25, S. 250 ff.; Vorinstanz OLG Hamburg, Urt. v. 9. 7. 1957, Hansa 1958, S. 863.

[226]) A. a. O. S. 265.

werden, daß § 662 nicht gilt, wenn das Konnossement in keinem VSt der Haager Regeln ausgestellt wurde und der Bestimmungshafen außerhalb Deutschlands liegt (Art. 2 No. 1 der DVO vom 5. Dezember 1939, RGBl. I, 2501)."

„Dahingestellt" läßt es das HansOLG Bremen[227]) bei einer Verschiffung von Lübeck nach Kopenhagen (also in einem Falle auf den deutsches IÜ-Recht anzuwenden wäre), ob das HGB anwendbar ist, weil die Haager Regeln selbst, die durch Paramount-Klauseln für maßgebend erklärt worden waren, nach Ansicht des Gerichtes im Vergleich zum deutschen Recht „keinen sachlichen Unterschied" aufweisen.

Fatal in seiner Konsequenz ist schließlich der Spruch des HansOLG Hamburg[228]) im Falle eines Transportes unter schwedischer Flagge von Buenos Aires nach Hamburg. Das Gericht gab der Wahl schwedischen Rechtes statt, in einem Falle, der ohne die Rechtswahl deutschem Recht unterstanden hätte. Da das schwedische IÜ-Gesetz No. 277 Transporte aus NVSten (Argentinien) von den Bestimmungen des IÜ's freistellt, wurde hier das alte schwedische See-Gesetz vom 12. Juni 1891 angewendet. Das IÜ war also im Wege der Rechtswahl auskontrahiert worden.

Es fragt sich weiter, ob nicht die deutschen Gerichte auch ohne exakte Umgrenzung des internationalen Geltungsbereiches der deutschen IÜ-Gesetzgebung der Rechtswahl der Parteien zumindest dann die Anerkennung versagen können, wenn das Beiseiteschieben des IÜ's die Absicht oder auch nur die Folge einer Rechtswahl ist. Dazu müßte die Berufung auf den deutschen „ordre public" (Art. 30 EGBGB) genügen[229]). Die Tatsache, daß das zu schützende Recht in diesem Falle nicht staatlicher, sondern überstaatlicher Herkunft ist, ist — wie Frankenstein[230]) feststellt — „für das Wirken der Vorbehaltsklausel vollkommen gleichgültig."

Der Fall einer das IÜ ausschaltenden Rechtswahl bei einem Transport

---

[227]) Urteil v. 5. 4. 1957, Hansa 1957, S. 1856.

[228]) Urteil v. 23. 6. 1959, Hansa 1959, S. 2258.

[229]) Wengler, S. 173 f. und 178, vertritt die Meinung, daß zwingende Rechtsnormen der lex fori auch ohne ausdrückliche Vorschrift in dem Umfange anzuwenden sind, der sich aus dem rechtspolitischen Zweck der betreffenden Bestimmung ergibt, ohne daß es darauf ankommt, welches Recht Schuldstatut ist: S. 174: „Welchem Recht der Seefrachtvertrag unterliegt, hat unter diesen Umständen offensichtlich keine Bedeutung, im Rahmen des ihrem Zweck entsprechenden örtlichen und persönlichen Geltungsbereiches ist die zwingende Bestimmung der lex fori „loi d'ordre public", welche keine abweichenden Bestimmungen der Parteien oder eines fremden Rechtes duldet." — Die Auffassung, daß die zwingenden Bestimmungen des § 662 HGB durch Vereinbarung einer anderen Rechtsordnung als maßgeblich nicht umgangen werden können, vertritt auch Liesecke, Ziff. 9, S. 237 u. Ziff. 23, S. 408.

[230]) Bd. I S. 221.

von einem VSt nach Deutschland lag — soweit ersichtlich — den deutschen Gerichten noch nicht zur Entscheidung vor. Auch in diesen Fällen ist nach Ansicht Wenglers[231]) — wenn nicht die lex fori angewendet werden will — unter Umständen den zwingenden Bestimmungen des Abgangslandes (d. h. dem dort geltenden IÜ-Gesetz) der Vorrang vor dem stipulierten Recht zu geben, weil für die Parteiautonomie insofern kein Raum mehr vorhanden war.

IV. Vereinigte Staaten von Amerika

1. US-COGSA und Harter Act

Die Vereinigten Staaten, in denen heute Verfrachter- und Verladerbelange gleich stark ausgeprägt sind, gehörten ursprünglich zu den Nationen mit überwiegendem Verlader-Interesse (shipper countries). Sie können in dieser Eigenschaft für sich in Anspruch nehmen, zum Zustandekommen des IÜ's sehr wesentlich beigetragen zu haben. „Negligence-Clauses" wurden nämlich bereits durch die Harter Act des Jahres 1893[232]) für unwirksam erklärt, die unabdingbar für alle die USA berührende Verschiffungen, ausgehende wie einkommende, galt. Die Act, obwohl noch heute wirksam, ist nunmehr weitgehend durch die Carriage of Goods by Sea Act, 1936[233]), abgelöst worden, die in den Grenzen ihres sachlichen Geltungsbereiches der Harter Act im Range vorgeht.

2. Geltungsanspruch der COGSA

Die US-COGSA 1936 ist das amerikanische IÜ-Gesetz. Materiell entspricht sie im wesentlichen dem Wortlaut des IÜ's, wenngleich in der Absicht, den IÜ-Inhalt „klarzustellen" und die COGSA an die übrige Gesetzgebung anzupassen, einige Änderungen[234]) vorgenommen worden sind.

---

231) S. 181 ff.

232) Wortlaut bei Knauth, S. 419; Astle, S. 267 ff. Zur Geschichte der Harter Act s. Yiannopoulos, Conflicts, S. 613 f.; Knauth, S. 118 ff.

233) Die US-COGSA hat der Harter Act gegenüber Vorrang für alle von und nach den USA im „foreign trade" gehenden Transporte. Sie gilt zwingend für den mit dem Stichwort „from tackle to tackle" bezeichneten Teil des Seetransportes. Im Interesse eines einheitlichen sachlichen Rechts für den gesamten Transport sowie aus anderen Erwägungen, wird die US-COGSA in der Praxis nicht selten in den Konnossementen auch auf den Zeitraum vor der Anbordnahme und nach der Löschung der Güter vertraglich für anwendbar erklärt; die US-Gerichte halten solche Absprachen für zulässig (vgl. Yiannopoulos, Conflicts, S. 623 Anm. 67).

234) Vgl. Memorandum des State Department v. 5. 6. 1937 (— 51 Stat. 269

Die Brüsseler Konvention ist von den amerikanischen parlamentarischen Gremien mit der Maßgabe akzeptiert worden, daß in Zweifelsfällen die Vorschriften der COGSA dem IÜ gegenüber Vorrang haben[235]). Die Konvention wird nur als zwischenstaatliches Versprechen zur Einführung gewisser Regeln angesehen; die Rechte und Pflichten des der Gesetzbarkeit unterstehenden Staatsbürgers richten sich nicht nach ihr[236]).

In seiner sect. 13 Abs. 1 ist der Anwendungsbereich der Act wie folgt umschrieben:

„This Act shall apply to all contracts for carriage of Goods by sea to or from ports of the United States in foreign trade."

Laut sect. 13 sind ferner alle ausgehenden Konnossemente mit einer Paramount-Klausel zu versehen, mit der darauf hingewiesen wird, daß der Transport der US-COGSA untersteht[237]).

Der Anwendungsbereich ist mithin umfassender als derjenige der COGSA's der britischen Gruppe. Auch gemessen am rein wörtlichen Sinn des Art. X IÜ ist die Regelung weitergehend, weil sie einkommende Transporte selbst dann erfaßt, wenn das Konnossement in einem NVSt ausgestellt ist[238]). Andrerseits brauchen amerikanische Gerichte die US-COGSA dann nicht zwingend anzuwenden, wenn es sich um das Territorium der USA nicht berührende Transporte handelt, einerlei, ob das Konnossement in einem VSt ausgestellt ist, das betreffende Schiff die amerikanische Flagge führt oder nicht[239]).

[1937] —) „The foregoing differences from the Convention, made in the Carriage of Goods by Sea Act, are intended primarily (1) to clarify provisions in the Convention which may be of uncertain meaning thereby avoiding expensive litigation in the United States for purposes of interpretation and (2) to co-ordinate the Carriage of Goods by Sea Act with other legislation of the United States."

[235]) Die Amerikaner haben offenbar als einziger VSt die Gefahr nachträglich sich herausstellender Divergenzen zwischen der Konvention und dem nationalen IÜ-Gesetz und damit das Nebeneinander sich widersprechender Gesetze vorausgesehen. — Nach allgemeinen völkerrechtlichen Grundsätzen ist jede konkrete Anordnung treffende internationale Konvention nach der Ratifikation unmittelbar geltendes Recht. Zutreffend empfindet es Yiannopoulos, Conflicts, S. 616, als ein Kuriosum, daß das IÜ — obwohl Bestandteil des Rechtes der Vereinigten Staaten — weder die Gerichte noch die Individuen bindet; vgl. ferner Knauth, Bill of Lading, S. 152.

[236]) Knauth, Bill of Lading, S. 153.

[237]) Über die Rechtsfolgen der Nichtbeachtung des gesetzgeberischen Gebotes schweigt sich — wie die englische — auch die US-COGSA aus; vgl. hierzu Black-Gilmore, S. 164.

[238]) Transporte, für die ein Konnossement nicht ausgestellt ist, unterfallen weder der COGSA noch der Harter Act.

[239]) Robinson, S. 548; Knauth, Renvoi, S. 13; ferner *Cerro de Pasco*

Im Gegensatz zu England, wo man den Geltungsbereich der COGSA zumindest in vermeintlicher Übereinstimmung mit Art. X IÜ festgelegt hat, ist die amerikanische Regelung bewußt vollständig losgelöst von Art. X[240]) getroffen und der Anwendungsregel der Harter Act angepaßt worden[241]).

Der großen Reichweite der Regel in sect. 13 schreibt Yiannopoulos es zu[242]), daß praktisch der größte Teil der in den USA judizierten Streitfälle nach Maßgabe der US-COGSA entschieden wird. Auch in den übrigen Fällen würde das IÜ oft noch angewendet werden, wenn auch nicht in der Form der US-COGSA, so doch auf Grund von Generalverweisungen im Originalwortlaut oder sonst in Gestalt irgendeiner COGSA, die zum Vertragsinhalt gemacht worden ist[243]), wenn nicht gar das Recht eines VStes als Schuldstatut zum Zuge kommt. Man könnte daher nicht ernstlich behaupten, daß der amerikanische Anwendungsrahmen der Sache der internationalen Rechtsvereinheitlichung schade oder sie gefährde.

Yiannopoulos ist im Prinzip zuzustimmen. Der US-Gesetzgeber hielt sich allerdings wohl nicht für berufen, Transportvorgänge zu regeln, die zu den USA in keiner räumlichen Beziehung stehen. Es zeigt sich also auch am Beispiele der USA, daß die angepaßten nationalen IÜ-Gesetze zu einer Verengung des Geltungsbereiches des IÜ's insgesamt führen. Als VSt eines IÜ's, welches in den VSten unmittelbare Gesetzeskraft äußern würde, müßten die USA nämlich die Grundsätze des Abkommens auch

Copper Corporation and the American Metal Company, Ltd. v. Steamship „Alabama" etc. and Compagnie Générale Transatlantique, 1952 A. M. C. 1766 (S. D. N. Y.).

240) „Article X is a promise that each High-Contracting Party will apply the Convention to every (ocean) Bill of Lading issued within its territory (Knauth, Bill of Lading, S. 152, 153 f.; Yiannopoulos, Conflicts, S. 616).

241) Knauth, Renvoi, S. 12; Rabel II, S. 420 ff. meint (S. 421), daß auch das Anwendungsprinzip der Harter Act nicht auf einem „obskuren Dogma" beruhe sondern als eine praktische Folge der „public policy"-Qualität dieses Gesetzes angesehen werden müßte.

242) S. 617.

243) Knauth, Bill of Lading, S. 155: „If the parties incorporate a Hague Rule clause in a foreign Bill of Lading to which the Rules do not apply proprio vigore it would seem that an American Court should give them effect like any other contract provision." — Amerikanische Gerichte beurteilen solche Abreden also wie die englische Rechtsprechung als materiellrechtliche Verweisung. — Vgl. „Note" 58 Col. L. Rev. (1958), S. 213 ff. (215); ferner *E. Gerli & Co. v. Cunard S. S. Co.*, 48 F 2 d 115, 117 (2d Cir. 1931); *The Edmund Fanning* 1953 A. M. C. 86 (90 f.) (2 CCA); Vorinstanz (1952) A. M. C. 1147 (1168) (S. D. N. Y.); *Switzerland Gen. Ins. Co. v. Navigazione Libera Triestina 1937* A. M. C. 1078 (2 CCA).

dann anwenden, wenn ein sich außerhalb der USA vollziehender Transportvorgang in einem anderen VSt seinen Ausgang genommen hat.

Knauth[244]) empfiehlt den amerikanischen Gerichten, sich — zumindest in Fällen des Dreieck-Transport-Verkehrs — im Interesse des IÜ's von der Vorschrift der sect. 13 zu lösen[245]) und die COGSA dennoch anzuwenden, „risking the chance of occasional judicial criticism if such should occur". Eine andere Methode, das IÜ zu stärken, schlägt er[246]) für die Fälle vor, in denen das für den „cross trade" bestimmte Konnossement in einem VSt ausgestellt ist: „The American Court should as a matter of comity read that version of the Rules (of the country where the Bill of Lading was issued) as an implied clause paramount."

Knauth befürwortet hier also eine Art „ordre public internationale"[247]). In einer anonymen „Note"[248]) wird sogar als sicher angenommen, daß amerikanische Gerichte in Fällen der erwähnten Art zu der Anwendung des nationalen IÜ-Gesetzes des Verschiffungsstaates gelangen werden; dies selbst dann, wenn die Parteien eine abweichende Rechtswahl getroffen haben. Yiannopoulos[249]) zieht in Zweifel, ob die Empfehlungen und Vorschläge Knauth's von den amerikanischen Gerichten befolgt werden. In einer älteren Entscheidung[250]), es handelte sich um einen die USA nicht berührenden Transport (Montreal-Liverpool) mit einem englischen Schiff, hatte allerdings das amerikanische Gericht aus „public policy"-Gründen einer Freizeichnung die Anerkennung versagt. Die Besonderheiten des Falles, der Zeitpunkt des Erlasses der Entscheidung, zu welchem die USA das IÜ noch nicht ratifiziert hatten, nehmen dem Spruch aber jeden richtungweisenden Wert. Als prinzipiell widerlegt muß die Annahme Knauth's infolge der „Tinnum"-Entscheidung[251]) gelten. Dort — es handelte sich um einen Transport von Mexiko nach Kuba an Bord des deutschen Schiffes „Tinnum" — wird ausgeführt[252]):

---

244) Renvoi, S. 73.

245) „Triangular voyages"; er meint, wie sich aus seiner Darstellung ergibt, offenbar denjenigen Teil solcher Reisen, der keine Verbindung hat zum amerikanischen Territorium.

246) Bill of Landing, S. 155.

247) Hiermit nicht vereinbar dürfte die an anderer Stelle (Bill of Lading, S. 159) niedergelegte Ansicht Knauth's stehen, die „Vita Food"-Entscheidung würde voraussichtlich auch von den amerikanischen Gerichten „in höchstem Maße berücksichtigt werden".

248) 58 Col. L. Rev. 212ff. (218).

249) Conflicts, S. 625 Anm. 79.

250) *Oceanic Steam Navigation Co. v. Corcoran*, 9 F 2d 724 (2d Cir. 1925).

251) *Arturo Nieto v. Steamship „Tinnum" and Ozean-Stinnes-Linien*, 1958 A. M. C. 2555 (S. D. N. Y.) 1958.

252) S. 2557.

„The Carriage of Goods by Sea Act is *not* applicable to this suit and for this Court to enforce the terms of the bill of lading or of the Hague Convention would *not necessarily* violate the public policy of the United States."

Es muß also davon ausgegangen werden, daß — von anderen noch zu erwähnenden Nachteilen abgesehen — die Anwendungsregel der sect. 13 US-COGSA zumindest unvollkommen ist.

Vergleichsweise betrachtet mit dem System der Länder der britischen Gruppe gewährleistet das amerikanische „in and out"-System in der Tat eine umfassendere Anwendung des IÜ's. Insofern ist es, wie Wolfson meint[253]), dem Geiste der internationalen Rechtsvereinheitlichung sicherlich gemäßer als andere IÜ-Gesetze.

Der Umstand, daß sect. 13 nicht im Einklang steht mit Wortlaut und Sinn des IÜ's[254]), wäre für sich allein wohl noch kein hinreichender Grund, das der Harter Act entlehnte Anwendungsprinzip der US-COGSA und der IÜ-Gesetze derjenigen VSten, die den USA gefolgt sind, zu beanstanden. Es ist indessen von Rabel[255]) geltend gemacht worden, der in sect. 13 US-COGSA zum Ausdruck gelangende „ordre public"-Anspruch sei zu weitgehend, weil er die Gesetzgebung anderer beteiligter Staaten nicht genügend toleriere. Rabel hält es im Interesse der Vermeidung „chaotischer Zustände" für angemessener, den unabdingbaren Geltungsanspruch der US-COGSA den Beispielen anderer Staaten folgend, auf ausgehende Transporte, bzw. auf solche Konnossemente zu beschränken, die in den USA ausgestellt sind. Dies sei zugleich auch ein Gebot der Courtoisie anderen VSten gegenüber.

Der Rabel offenbar vorschwebende Tatbestand lag in der amerikanischen Entscheidung „*The Steel Inventor*"[256]) zugrunde: Im Falle einer für die USA bestimmten Ladung enthielt das in Indien ausgestellte Konnossement zwei Paramount-Klauseln, eine auf die ind. COGSA bezugnehmend, die andere auf die US-COGSA verweisend. Das Gericht hielt[257]) es für ausgeschlossen, daß zwei derartige Klauseln wirksam sein könnten und entschied sich zugunsten der Verweisung auf die US-COGSA, eine Entscheidung, die auf Grund der sect. 13 ohnehin dem gesetzlichen Gebot entsprach. Der praktische Hintergrund dieser Ent-

---

253) S. 531.

254) In CMI-Doc. Con 8 (USA) heißt es, die US-Anwendungsregel sei nicht „in accordance with Article X", ohne daß allerdings angegeben wird, welchen Sinngehalt diese Norm wirklich haben sollte.

255) II S. 425 ff.

256) 1941 A. M. C. 169 (DMd).

257) A. a. O. S. 187, vgl. auch Knauth, Renvoi, S. 13 f. und Bill of Lading, S. 156.

scheidung war wiederum die Frage, ob die Höchsthaftungssumme von $ 500,— pro Stück oder Einheit der US-COGSA das Haftungslimit sein sollte oder der wertmäßig geringere Betrag von £ 100,—, den die ind. COGSA vorsieht.

Die von Rabel behauptete Intoleranz anderen VSten gegenüber ist also — wie die „Steel Inventor"-Entscheidung veranschaulicht — durchaus gegeben. Der Einwand würde dann fortfallen, wenn es gelänge, die Rechtsvereinheitlichung zu komplettieren, wenn also entweder die nationalen IÜ-Gesetze angeglichen oder zugunsten einer unumschränkten Geltung des IÜ's im Originalwortlaut aufgegeben werden würden.

Ob die von Rabel empfohlene Courtoisie auch gegenüber NVSten angebracht ist, erscheint zweifelhaft. Sicherlich sollte kein Staat gezwungen werden, eine internationale Konvention zu akzeptieren. Andrerseits kann aber auch einem VSt schon aus rechtspolitischen Gründen nicht zugemutet werden, seine Gerichte anzuweisen, unterschiedliche Maßstäbe anzulegen, je nachdem, ob der Transport aus einem VSt oder einem NVSt herrührt.

Obwohl rigoroser als die englische hat die Anwendungsregel des amerikanischen IÜ-Gesetzes den Vorteil der Einfachheit und für die Rechtsvereinheitlichung zugleich den größeren Effekt. Es verwundert daher nicht, von Knauth[258]) zu erfahren, daß die amerikanische Praxis mit der Anwendungsregel der US-COGSA beste Erfahrungen gemacht hat. Der Ansicht Knauth's, daß die US-Regelung nach Lage der Dinge als die optimale angesehen werden muß[259]), kann allerdings nicht gefolgt werden, wenngleich ihm zuzugeben ist, daß viele VSten, die ihr IÜ-Gesetz nur auf ausgehende Transporte anwenden, im Falle einkommender Transporte noch immer die „negligence"-Klauseln gelten lassen, die zu beschränken das erklärte Ziel der HR war[260]).

Gegen das amerikanische System spricht nämlich die Ausklammerung des Cross-Verkehrs, also derjenigen Transporte, die amerikanisches Territorium nicht berühren, obwohl der Transportvorgang in einem VSt seinen Ausgang genommen hat, bzw. das Konnossement in einem solchen ausgestellt worden ist.

---

[258]) Renvoi S. 12.

[259]) Bill of Lading, S. 160: „If the Convention is both ratified and enacted into domestic law as a statute, for commerce inward as well as outward bound, every possible method would seem to have been adopted of preventing the makers of Bills of Lading from ignoring the statute and continuing the old objectionable diversity of Bill of Lading contracts and law, which has given rise to so much complaints and which the Convention and the uniform carriage of goods by sea statutes are intended to minimize."

[260]) Knauth, Bill of Lading, S. 162.

3. Rechtswahlklauseln

Die amerikanischen Gerichte haben sich wiederholt mit der Frage beschäftigen müssen, inwieweit es angesichts des zwingenden Geltungsbereiches der US-COGSA den Parteien seefrachtrechtlicher Verträge gestattet ist, verbindlich die anzuwendende Rechtsordnung und/oder den Gerichtsort zu bestimmen.

Rabel[261]) legt Wert darauf, die Frage des Anwendungsbereiches der COGSA von der internationalprivatrechtlichen der anwendbaren Rechtsordnung klar abgegrenzt zu sehen:

> „Obwohl die US-COGSA sowohl auf einkommende als auch die USA verlassende Transporte anzuwenden ist, berührt die Ausdehnung des Anwendungsbereiches nicht das Problem, welche Rechtsordnung den Seefrachtvertrag insgesamt beherrscht."

Rabel kann zugestimmt werden, sofern man sich — wie wohl auch Rabel selbst — darüber im klaren ist, daß in den Grenzen des absoluten Geltungsbereiches des IÜ's für die internationalprivatrechtliche Parteiautonomie kein Spielraum mehr ist[262]).

Vergegenwärtigt man sich andererseits, daß der sachliche Gegenstand der Harter Act und der COGSA als „ordre public"-Gesetze nahezu das ganze Seefrachtgeschäft umfassen, so wird deutlich, daß der dem Parteiwillen verbleibende, frei gestaltungsfähige Teil des Seefrachtvertrages unbedeutend ist. Die Frage des anwendbaren Rechtes ist in den USA also relevant nur in den Fällen, die außerhalb des Anwendungsbereiches der Harter Act und der COGSA liegen (Küstenverkehr und Cross-Verkehr)[263]).

Darüber, daß Rechtswahlklauseln nicht geeignet sind, die zwingenden Vorschriften der US-COGSA zu derogieren, besteht denn in der amerikanischen Rechtswissenschaft auch kein Zweifel. Nach Meinung Yiannopoulos[264]) sind derartige Abreden — weil haftungsmindernd — bereits mit sect. 3 (8) US-COGSA[265]) unvereinbar und daher „null und

---

[261]) III S. 242.

[262]) Vgl. hierzu Note 58 Col. L. Rev., S. 212 ff. (213): „... for, where applicable, this legislation (US-COGSA) supersedes any conflicts Rule which would point to another governing law."

[263]) In England ist (vgl. oben S. 32) die Situation insofern anders, als die brit. COGSA in bezug auf einkommende Transporte keinen zwingenden Geltungsanspruch aus „ordre public"-Gründen kennt. Die amerikanischen Richter werden daher bei solchen Transporten niemals wie die englischen Gerichte — vor allem im „Vita Food"-Fall — vor der Frage stehen, inwieweit sie das IÜ-Gesetz des Abschlußortes bzw. Verschiffungsortes, also die lex loci contractus, zu berücksichtigen haben.

[264]) Conflicts, S. 618 Anm. 50.

[265]) Entspricht Art. III § 8 IÜ.

nichtig und wirkungslos". — Die Gerichte haben entweder bei ihren Entscheidungen die Rechtswahlklauseln unbeachtet gelassen[266]) oder haben — davon ausgehend, daß das gewählte fremde Recht mit demjenigen der USA sachlich identisch ist — amerikanisches Recht angewendet[267]). Irgendwelche sachlichen Beziehungen und Schwerpunkte des Sachverhaltes zu bzw. in einem anderen Land sind in den Fällen der zwingenden Geltung der US-COGSA unbeachtlich. Sofern es sich um Seetransporte handelt, die außerhalb der „public policy"-Anordnung der US-COGSA liegen, also insbesondere solche zwischen ausländischen Häfen, bestimmt sich die anwendbare Rechtsordnung nach den allgemeinen, in den USA für schuldrechtliche Verträge geltenden Grundsätzen des IPR, wobei — ungeachtet des auch in den USA weitgehend befolgten Prinzips der Parteiautonomie — der lex loci contractus größere Bedeutung zuerkannt wird als beispielsweise in England[268]).

Rechtswahlklauseln haben somit, soweit es sich um der Regelung des IÜ's unterfallende Rechtsverhältnisse handelt, in den Vereinigten Staaten bei weitem nicht die Problematik aufgeworfen wie in England.

4. Jurisdiktions- und Arbitrage-Klauseln

Vertragliche Gerichtsstandsvereinbarungen sind für die amerikanischen Gerichte nicht bindend. Es liegt im Ermessen der Gerichte, solchen Abreden stattzugeben, was in der Weise vor sich geht, daß das Gericht es ablehnt, sein Jurisdiktionsrecht auszuüben. Dies geschieht, wenn die Vereinbarung eines ausländischen Gerichtes unter Berücksichtigung aller Umstände des Falles, des Interesses der Parteien und der Belange der amerikanischen Gerichtsbarkeit vernünftig („reasonable") erscheint[269]).

Feststehende Maßstäbe, mit deren Hilfe ermittelt werden kann, ob in

---

[266]) *„The Kensington"* 183 U. S. 263 (1902) (die Harter Act betreffend); *E. Gerli & Co. v. Cunard S. S. Co.* 48 F 2d. 115 (2d Cir. 1931), wegen des Vorranges der lex loci contractus; *„The Steel Inventor"* B 18, 1941 A. M. C. 169 (DMd); *„The Bill"* 1942 A. M. C. 1607 (DMd); *„The Saturnia"* 1954 A. M. C. 1858 (S. D. N. Y. 1954); — vgl. ferner „Note" 57 Col. L. Rev. 553 ff. (562 f.); „Note" 62 Harv. L. Rev. 647 ff. (654); Gilmore-Black, S. 113.

[267]) *Franklin Fire Ins. C. v. Royal Mail Steam Packet Co.*, 54 F. 2d 807 (S. D. N. Y. 1931); *Blumenthal Import Corp. v. Brooklyn Bank* 148 F. 2d 727 (3d. Cir. 1945).

[268]) Vgl. hierzu die oben S. 31 Anm. 126 aufgeführten Literaturhinweise, ferner Yiannopoulos, Conflicts, S. 623 ff.; Nussbaum, Grundzüge, S. 162 und 169; siehe auch „Note" 58 Col. L. Rev., S. 215 ff.; „Note" 57 Col. L. Rev., S. 553 ff.; „Note" 62 Harv. L. Rev., S. 647 ff.; „Note" 54 Harv. L. Rev. 663 ff.; „Note" 53 Yale L. Rev. 997 ff.

[269]) Vgl. hierzu Yiannopoulos, Conflicts, S. 619 ff.; „Note" 58 Col. L. Rev. 212 ff. (218 ff.); Hoffmeyer, S. 334 ff.

concreto eine Gerichtsstandsvereinbarung als vernünftig angesehen werden kann, gibt es allerdings in den USA nicht. Eine gewisse Methodik hat auf Grund der neueren amerikanischen Judikatur Hoffmeyer[270]) ermittelt. Die Bereitwilligkeit, fremde Gerichtsstände anzuerkennen, ist demnach größer, wenn es sich um außeramerikanische Transporte handelt, also die faktischen Beziehungen des Falles zu den USA geringer sind. Geneigter, Jurisdiktionsabreden zu entsprechen, sind die US-Gerichte ferner dann, wenn es sich um Ansprüche „in personam", also solche gegen den Reeder/Verfrachter selbst, handelt. Richtet sich der Anspruch „in rem", also gegen das — zumeist innerhalb des US-Territoriums arrestierte — Schiff, wird dagegen die amerikanische Zuständigkeit fast ausnahmslos bejaht[271]).

Im Anfang lehnten die Gerichte Amerikas schlechthin jede Gerichtswahl als der amerikanischen „public policy" zuwiderlaufend ab[272]). Ein prinzipieller Wandel wird vor allem im Falle *Wm. H. Muller & Co., Ins. v. Swedish American Line*[273]) demonstriert, der im amerikanischen Schrifttum als „leading case" gewertet wird[274]):

> Ein schwedisches Schiff war auf dem Wege von Göteborg nach Philadelphia untergegangen. In den Konnossementen war die Anwendung schwedischen Rechts und schwedische Gerichtsbarkeit vorgesehen. Gegen den Antrag des Reeders, die Gerichtsstandsklausel anzuerkennen, wurde von seiten des klagenden Ladungsbeteiligten geltend gemacht:
>
> 1. Die Klausel beinhalte eine Verletzung der amerikanischen „public policy";
> 2. die Klausel stehe im Widerspruch zu den zwingenden Vorschriften der US-COGSA;
> 3. die Notwendigkeit, vor schwedischen Gerichten Beweis anzutreten, wie die Klausel es verlange, sei mit Vermögensopfern und somit mit einer Haftungsminderung im Sinne des Art. III § 8 IÜ verbunden.

Das Gericht verwarf sämtliche Einwendungen. Es führte aus, die COGSA enthielte keine Gerichtsstandsvereinbarungen verbietende oder

---

[270]) S. 335 ff.

[271]) Hoffmeyer, S. 336 f. stellt an das Ende seiner Untersuchungen einige Vorschläge zur textlichen Gestaltung von Gerichtsstandsklauseln, die für den nicht-amerikanischen Reeder, dessen Schiffe amerikanische Häfen anlaufen, wertvolle Anregungen enthalten.

[272]) *Gough v. Hamburg-Amerikanische Packetfahrt-A. G.*, 158 Fed. 174 (S. D. N. Y.) 1907; *Wood & Selick Ins. v. Compagnie Générale Transatlantique*, 1930 A. M. C. 1545 (2d Cir.); *„The Edam"* 27 f. Supp. 8 (S. D. N. Y. 1938).

[273]) 1955 A. M. C. (2d Cir.) 1687, vgl. auch Hansa 1956, S. 976.

[274]) Yiannopoulos, Conflicts, S. 621.

beschränkende Anordnungen. Die Wahl des schwedischen Gerichtes — zumal frei vereinbart — sei „reasonable". Es erklärte abschließend: „There is no contention that the Swedish Courts are not capable of adjudicating this case fairly and justly"[275]).

Die Entscheidung ist stark diskutiert und — nicht ohne Berechtigung — angegriffen worden. — Der Transport war für die USA bestimmt und unterlag schon aus diesem Grunde nach sect. 13 US-COGSA der zwingenden Anwendung dieses Gesetzes. Das Konnossement hingegen enthielt nicht einmal eine Verweisung auf die US-COGSA, die die schwedischen Gerichte vielleicht hätte binden können[276]). Hinzu kommt die Erfahrungstatsache, daß Gerichtswahl zugleich Rechtswahl bedeutet[277]). Es könnte daher nicht erwartet werden — so wird befürchtet — daß schwedische Gerichte amerikanisches Recht, insbesondere die US-COGSA, freiwillig anwenden, und selbst wenn sie es täten, wären sie zumindest nicht mit der amerikanischen Auslegung des Gesetzes vertraut[278]).

Der Ausgang des Rechtsstreites vor dem schwedischen Gericht ist nicht bekannt. — Sofern, was anzunehmen ist, im Falle dieser in Schweden ausgestellten Konnossemente das schwedische IÜ-Gesetz zur Anwendung kam, wäre der dort fixierte Höchsthaftungsbetrag von skr. 1 800,— (entspricht ca. US$ 347,—) pro „package or unit" maßgebend gewesen, nicht derjenige, der US-COGSA in Höhe von $ 500,—. Eine Haftungsverringerung wäre also in der Tat die Folge der Verweisung des Rechtsstreites nach Schweden gewesen[279]).

Ob es sich beim „Muller"-Fall um eine Ausnahmeentscheidung handelt, muß sich noch erweisen. Es ist immerhin bedeutsam, daß in einer späteren Entscheidung ein anderes Gericht, obwohl die faktische Situation

---

[275]) A. a. O. S. 1990.

[276]) Gilmore-Black, S. 125 Anm. 23: „This clause (— gemeint ist die Gerichtsstandsvereinbarung —) seems to fly in the face, as clearly as may be, of the precisely-stated rule of COGSA that every Bill of Lading in foreign commerce into or out the USA shall have effect to COGSA. Under the Muller-decision, the bill „had effect" subject not to the COGSA but to the Swedish law. True, Sweden has adopted the HR, but no country has a statute exactly like the US-COGSA, which the Congress has said with all possible clearity to apply."

[277]) Vgl. *United States Merchant Shippers Ins. Co. v. A/S Den Norske Afrika og Australie Line*, 65 F. 2d. 392, 394, (2d Cir. 1933): „The choice of a Court may be more important than many of the expressed terms of the contract, may indeed, be determinative of the outcome."

[278]) Yiannopoulos, Conflicts, S. 620; „Note" 58 Col. L. Rev., S. 220: „. . . the almost inevitable result is that American statute will not be applied."

[279]) Gilmore-Black, S. 125 Anm. 23: „If the foreign law is less favourable to the shipper than the COGSA, then his rights are „lessened" in violation of sect. 3 (8) of COGSA."

ähnlich war, (actio in personam, Amerika berührender Transportvorgang) seine Gerichtsbarkeit aufrecht erhielt[280]).

Persönliche, wie auch „in's Schiff" gerichtete Streitfälle dürfen außeramerikanischen Gerichten dann vertraglich zugewiesen werden, wenn es sich um Transporte handelt, die auf ihrer Reise amerikanisches Territorium nicht berühren. In diesen Fällen kann von einer feststehenden Rechtssprechung ausgegangen werden[281]). Ebenso läßt sich verallgemeinernd sagen, daß „actiones in rem" stets einbehalten werden, sofern ein die USA tangierender Transport zugrunde liegt[282]).

Yiannopoulos[283]) hält in einer Gesamtwürdigung der Praxis amerikanischer Gerichte die „convenience"-Erwägung überhaupt nicht für sachgerecht. Eine Gerichtswahl sollte seines Erachtens nur da zulässig sein, „where the foreign forum would apply to the controversy a law no more favourable to the carrier than that of the United States." — Noch konkreter wird vorgeschlagen[284]), die amerikanischen Gerichte sollten die Zuständigkeit fremder Gerichte immer dann ablehnen, wenn ein Konnossement dem Anwendungsrahmen der US-COGSA unterfällt.

Bemerkenswert ist schließlich, daß Schiedsabreden von den amerikanischen Gerichten ausnahmslos anerkannt werden. Sie sind gültig auf

---

[280]) *Sociedade Brasileira de Intercâmbio Comercial & Industrial Ltda. v. Punte del Este,* 1955 A. M. C. 2288 (D. C. N. J.): Weizen war von New Orleans nach Santos verschifft worden und erreichte sein Ziel in beschädigtem Zustand. Uruguayisches Recht und Gericht waren vereinbart. Ferner sollte der Vertrag der US-COGSA unterfallen, was zwar aus amerikanischer Sicht ohnehin der Fall war, andrerseits von dem uruguayischen Gericht als Parteiwille zu beachten gewesen wäre. — Die Gerichtsstandsvereinbarung wurde nicht anerkannt, weil das Gericht sich als „neutral forum" dem Streitfall so unparteiisch wie möglich gegenüberstehend glaubte und sich daher für zuständig hielt. Die ausschlaggebende Erwägung war in Wirklichkeit — wie Yiannopoulos, Conflicts, S. 622 hervorhebt — daß der Spruch des uruguayischen Gerichtes zu einer Haftungsminderung („lessening of liability") hätte führen können. — Vgl. ferner *Jefferson Insurance Co. v. Cia Colonial de Navegacao Carregadores Acorianos,* 1954 A. M. C. 1314 (S. D. N. Y.) (Klageeinbehaltung); — *Aetna Ins. Co. v. „The SS Satrustegui",* 171 F., Supp. 33; 174 F. Supp. 934 (D. C. N. J.); die Klage gegen das Schiff wurde einbehalten, diejenige gegen den Reeder abgewiesen.

[281]) *„The Tricolor"* 1933 A. M. C. 919 (2d Cir. 1933); *Cerro de Pasco Copper Corp. v. Knut Knutsen O. A. S.* 1951 A. M. C. 630 (2d Cir. 1951); *Cerro de Pasco Corp. v. Compagnie Générale Transatlantique* 1952 A. M. C. 1766 (S. D. N. Y. 1952); *Murillo Ltda. v. SS Bio Bio,* 1956, A. M. C. 76 (2d Cir. 1955); ferner (in rem) *Arturo Nieto v. SS „Tinnum",* 1958, A. M. C. 2555, (S. D. N. Y. 1958).

[282]) *St. Paul Fire & Marin Ins. Co. v. The Republica de Venezuela,* 1952 A. M. C. 1370 (S. D. N. Y. 1952).

[283]) Conflicts S. 620 f.

[284]) „Note" 58 Col. L. Rev., S. 220.

Grund der United States Arbitrage Act[285]), und zwar selbst dann, wenn es sich um einkommende oder ausgehende Transporte handelt[286]).

Zusammenfassend kann gesagt werden: Gegen die amerikanische Gerichtspraxis, die — im Gegensatz zur englischen — Rechtswahlklauseln in Seefrachtverträgen erfreulicherweise als dem IÜ zuwiderlaufend und daher unbeachtlich behandelt, sprechen die Gefahren aus der Anerkennung solcher Gerichtsstandsvereinbarungen, die mit dem Ziel getroffen sein könnten, der Anwendung des IÜ's zu entgehen. — Ähnliche Gefahren könnten Arbitrage-Abreden hervorrufen, die in den USA offenbar ausnahmslos anerkannt werden.

Obwohl die USA Rechtswahlklauseln anzuerkennen ablehnen, behandeln die Gerichte dieses Landes also dennoch Jurisdiktions- und Arbitrage-Abreden unter Umständen selbst dann als gültig, wenn sie in der Absicht getroffen sind, dem IÜ auszuweichen.

V. Frankreich

1. Gesetzeslage

Auch Frankreich hat sich erst relativ spät zur Ratifikation des IÜ's entschlossen. Mitursächlich hierfür war die in diesem Lande besonders ausgeprägte Abneigung gegen den anglo-amerikanischen Gesetzesstil, der die Konvention kennzeichnet.

Bis zum Jahre 1936 galten in Frankreich auch für den Seefrachtvertrag die dispositiven Vorschriften des Buches II des Code de Commerce. Durch Gesetz vom 9. 4. 1936 hatte dann das französische Parlament den Präsidenten der Republik ermächtigt, das IÜ zu ratifizieren und zum Gesetz zu erheben. Als Tag des Inkrafttretens des IÜ's ist der 4. 10. 1937 bestimmt worden[287]). In Frankreich war zuvor, nämlich am 2. 4. 1936, bereits ein Seetransport-Gesetz[288]) erlassen worden, welches, obwohl vom Gedankengut der Haager Regeln sehr weitgehend beeinflußt, vom IÜ in Form und Inhalt dennoch beträchtlich abweicht[289]). Das Gesetz vom

---

[285]) 61 Stat. 669 (1947), 9 U. S. C. §§ 1—14 (Supp. IV 1957).

[286]) Yiannopoulos, Conflicts, S. 618; „Note" 58 Col. L. Rev., S. 218; ferner: *Uniao de Transportadores para Importacao e Commércio Ltda. v. Compania de Navegacao Carregadores Acorianos, 84 F. Supp.* 582 (Transport von New York nach Portugal; Arbitrageort Lissabon).

[287]) J. off. 8. 4. 1937; vgl. hierzu Sauvage, S. 20.

[288]) „Loi relative aux transports de marchandises par mer" (J. off., 11. 4. 1936); Wortlaut und deutsche Übersetzung bei Kluge, Probleme, S. XI ff. und XV ff.; zur Geschichte des Gesetzes: Sauvage, S. 7 ff.; Guyon, Les transports, S. 19 f.

[289]) Die Verwandtschaft des Gesetzes mit dem IÜ wird in der Rechtspraxis

2. 4. 1936 ist als das eigentliche IÜ-Gesetz Frankreichs anzusehen. Der französische Gesetzgeber hat hier von der Anpassungsklausel des Zeichnungsprotokolls zum IÜ Gebrauch gemacht und ein Gesetz geschaffen, das seiner redaktionellen Gestaltung nach dem Stil und der üblichen Form französischer Gesetze entspricht und inhaltlich den Regeln des IÜ's weitgehend folgt. Abgesehen vom französischen Mutterland gilt das Gesetz auf Grund von Art. 76 der französischen Verfassung auch in den sog. „départements d'Outre-Mer (Réunion, Guyana, Martinique und Algerien). Es gilt ferner in Französisch-Ost- und Äquatorial-Afrika, auf Madagaskar und in den Treuhandgebieten Togo und Kamerun. Es gilt nicht in den sog. assoziierten Staaten, wie Tunis und Marokko[290]).

2. Geltungsbereich der Gesetze

Aus der Entstehungsgeschichte des Gesetzes vom 2. 4. 1936 ergibt sich lediglich, daß das Gesetz vom 9. 4. 1936, das dem IÜ Gesetzeskraft gibt, für den internationalen Seetransport und das Gesetz vom 2. 4. 1936 für Beförderungen ohne internationalen Einschlag gelten soll. In Frankreich besteht mithin die eigenartige Situation, daß, obwohl das IÜ im Originalwortlaut unmittelbar geltendes Recht ist, sich noch ein nationales, auf dem IÜ basierendes Gesetz in Kraft befindet[291]).

---

oftmals dadurch deutlich, daß bei Auslegungsproblemen im Zweifel auf den Inhalt des IÜ's als Gesetzesquelle zurückgegriffen wird. (Giraud, Dor. 40, S. 19 ff.), was allerdings nach Ansicht Marais' (Les transports nationaux, S. 10) wegen der „Undurchsichtigkeit" weiter Bereiche des IÜ's nicht immer zum Erfolg führt.

[290]) Vgl. hierzu Guyon, Les transports, S. 26. — Fraglich ist allerdings, ob und in welchem Umfange in den verselbständigten Staaten wie Guyana und Madagaskar die französischen Gesetze noch fortgelten. —

Tunis hat durch Dekret vom 16. 4. 1942 das französische Gesetz vom 2. 4. 1936 in das tunesische Recht übernommen. (Bokobzia/Schemoul, D. M. F. 1960, S. 438). In Marokko gilt bereits seit langem mit „ordre public"-Charakter ein Gesetz, welches weitgehend der amerikanischen Harter Act nachgebildet ist. (Art. 264 des „Dahir Marocain" vom 31. 3. 1919).

[291]) Es ist bemerkenswert, daß der französische Delegierte Ripert bereits auf der Tagung der Unterkommission der Diplomatischen Seerechtskonferenz im Oktober 1923 beanstandete, daß das IÜ zufolge Art. IX des Entwurfs des IÜ's (Art. X IÜ) selbst auf die vertraglichen Bestimmungen von Angehörigen ein und desselben VStes angewendet werden müßte und einer solchen Regelung widersprach. Er wurde von Präsident Louis Franck darauf aufmerksam gemacht, daß es gerade die Absicht wäre, auch das nationale Recht der VSten durch das IÜ mitzugestalten, das IÜ daher auch für Rechtsbeziehungen ohne internationalen Einschlag gelten müßte. (Conférence internationale de Droit Maritime, Réunion de la Subcommission — Procès Verbaux, S. 81). — Diese Klarstellung der IÜ-Ziele ist vom französischen Gesetzgeber unbeachtet geblieben.

Sowohl das nationale Gesetz als auch das IÜ gehören in Frankreich zu den Gesetzen des „ordre public"[292]). Die Parteien des Seefrachtvertrages können diese Normen demnach weder vertraglich außer Kraft setzen noch im Geltungsbereich des IÜ's das Gesetz vom 2. 4. 1936 wirksam für anwendbar erklären, bzw. vice-versa[293]).

Die Frage, ob das IÜ oder das Gesetz ein Rechtsverhältnis beherrscht, ist nicht etwa nur akademischer Natur. Je nach den Umständen konzentriert sich nämlich — wie die Rechtssprechung zeigt — das Interesse der Parteien darauf, die eine oder die andere Rechtsordnung als maßgebend anerkannt zu erhalten. Zum Beispiel ist die Höchsthaftung pro Stück oder Einheit mit Frs. 1000,—, wie sie das Gesetz vorsieht, für den Verfrachter günstiger als diejenige von £ Sterling (Gold) 100,—, die das IÜ vorschreibt[294]). In den Fällen der Ladungsbeschädigung durch Feuer ist hingegen die Beweislastregelung des Gesetzes vom 2. 4. 1936 dem Verlader günstiger als diejenige des IÜ's[295]).

Die große Schwierigkeit der französischen Praxis liegt darin, daß das Gesetz über den von ihm in Anspruch genommenen Geltungsbereich überhaupt nichts aussagt. Nimmt man die Abgrenzung von der anderen Seite her vor, nämlich mit Hilfe des Art. X IÜ, der ja in Frankreich auf Grund des Gesetzes vom 9. 4. 1936 unmittelbar geltendes Recht ist, so bleibt für die Anwendung des Gesetzes vom 2. 4. 1936 kein Raum mehr. Denn Art. X IÜ stellt ausschließlich auf die Ausstellung des Konnossementes in einem VSt ab, ohne zusätzlich ein weiteres „internationales" Kriterium als Anwendungsvoraussetzung der Konvention zu statuieren. Lediglich die nationale Kabotage bleibt zufolge ausdrücklicher Vorschrift der Ziffer 2 des Zeichnungsprotokolls einer abweichenden Regelung durch die VSten vorbehalten. Art. X IÜ wird daher in der Judikatur[296]) und überwiegend auch im Schrifttum[297]) als Abgrenzungsmittel verworfen. Als

---

292) Cour d'Appel de Madagascar, Urt. v. 19. 3. 1952 D. M. F. 1952, S. 599 ff.; Cour d'Appel de Rouen, Urt. v. 12. 7. 1957, D. M. F. 1958, S. 27 ff. (30) mit Anm. Pfister; Guyon, Les transports, S. 125, 127 und S. 192; Ripert, II, S. 253; Marais, Les transports internationaux, S. 20; Sauvage, S. 7; Yiannopoulos, France, S. 530.

293) Vgl. unten Anm. 302.

294) Die Haftungshöchstsumme nach dem Gesetz vom 2. 4. 1936 betrug ursprünglich Frs. 8 000,—, wurde durch Dekret vom 22. 11. 1948 auf Frs. 50 000,— und durch weiteres Dekret vom 25. 9. 1953 auf Frs. 100 000,— angehoben. Von seiten der Verladerschaft gehen Bestrebungen aus, eine Verdoppelung der Summe zu erreichen. — Nach Einführung des sog. „nouveau franc" beläuft sich der geltende Satz auf Frs. 1 000,— pro Stück oder Einheit.

295) Guyon, Les Transports, S. 148.

296) Cour de Cassation, Urt. v. 15. 6. 1959, D. M. F. 1959, 656 ff. (657).

297) Guyon, Les transports, S. 130.

Folge dieser fatalen Situation ist es anzusehen, daß die Gerichte auf internationale Beförderungen unter Berücksichtigung der besonderen Gegebenheiten des Einzelfalles entweder das IÜ oder das Gesetz oder ein ausländisches Gesetz anwenden, ohne daß sich bislang — jedenfalls im Verhältnis des IÜ's zum Gesetz — ein einheitliches Anwendungsprinzip herauskristallisiert hat.

Keinerlei Schwierigkeiten bereitet die Abgrenzung zur Sphäre des ausländischen Rechts. Ist nämlich erst einmal ermittelt, daß die Anwendung des Gesetzes vom 2. 4. 1936 nicht in Betracht kommt, mithin der Transport internationalen Charakter hat, so wird das Prinzip des Art. X IÜ wortwörtlich befolgt. Ist das Konnossement in Frankreich oder einem anderen VSt ausgestellt, so kommt das IÜ zur Anwendung[298]). Im Ergebnis bedeutet dies, daß das IÜ auf ausgehende Transporte internationalen Charakters immer, auf einkommende sowie solche ohne Berührung französischen Territoriums nur dann anzuwenden ist, wenn das Konnossement in einem VSt geschaffen worden ist. — Konsequenterweise erwägen die französischen Gerichte auch nicht etwa, ob es die am Abgangsort geltende Fassung des IÜ's oder sonst eine ist, die angewendet werden muß[299]). Für sie ist — wie es auch dem Grundgedanken des Schöpfers des IÜ's ursprünglich entsprach — das IÜ unmittelbar geltendes Recht, und es ist daher ohne Interesse, ob per Anpassungsklausel das IÜ im Abgangs- oder Bestimmungshafen in abgewandelter Form gilt. —

Ist ungeachtet der Internationalität eines zu beurteilenden Beförderungsvorganges das Konnossement in einem NVSt entstanden, dann sind

[298]) Tribunal de Commerce de Marseille, Urt. v. 7. 3. 52, D. M. F. 1952, S. 162; Tribunal de Commerce de Marseille, Urt. v. 28. 4. 52, D. M. F. 1952, S. 500, (Transport von den Philippinen nach Frankreich); Cour d'Appel de Paris, Urt. v. 6. 6. 52, D. M. F. 1952, S. 421 (Transport von Marseille nach Shanghai); Tribunal de Commerce du Havre, Urt. v. 5. 9. 52, D. M. F. 1953, S. 145 (Transport von Le Havre nach Montevideo), allerdings mit abweichender Begründung; Tribunal de Commerce d'Alger, Urt. v. 10. 1. 55, D. M. F. 1955, S. 548 ff. (Transport von Holland nach Frankreich); Cour d'Appel de Rouen, Urt. v. 12. 7. 57, D. M. F. 1958, S. 27, mit Anm. Pfister (Transport von San Francisco nach Dünkirchen). — Vorinstanz: Tribunal de Commerce du Havre, Urt. v. 29. 11. 55, D. M. F. 1956, S. 664 Schiedsspruch v. 8. 7. 59, D. M. F. 1960, S. 134, (Transport von Frankreich nach Marokko). Cour d'Appel de Bordeaux, v. 23. 6. 60, D. M. F. 1960, S. 674. Abweichend von der Regel wandte Tribunal de Commerce du Havre, Urt. v. 29. 5. 55, D. M. F. 1958, S. 116, das IÜ auch im Falle eines in Peru (NVSt) für einen Transport nach Frankreich ausgestellten Konnossementes an, weil der Flaggenstaat des Schiffes (Schweden) VSt war.

[299]) Eine Ausnahme macht, soweit ersichtlich, lediglich Tribunal de Commerce du Havre, Urt. v. 10. 9. 53, D. M. F. 1954, S. 300 (Auf einen Transport von Belgien nach Uruguay wurde das IÜ in der Fassung des belgischen Rechts angewendet).

es die allgemeinen Grundsätze des französischen internationalen Privatrechts, mit deren Hilfe die anwendbare Rechtsordnung ermittelt wird[300]). Vereinbarungen der Parteien, ihre vertraglichen Beziehungen nach dem IÜ, dem IÜ-Gesetz eines anderen Staates oder dem Gesetz vom 2. 4. 1936 zu beurteilen, werden unter diesen Voraussetzungen anerkannt[301]). Im Geltungsbereich des IÜ selbst ist die Parteiautonomie ausgeschlossen[302]), eine natürliche Folge der „ordre public"-Qualität des IÜ's.

Große Schwierigkeiten bereitet es hingegen, die Sphären des IÜ's und des Gesetzes vom 2. 4. 1936 gegeneinander abzugrenzen. Einigkeit besteht insofern, als nach allgemeiner Ansicht die Anwendung des IÜ's als objektives Erfordernis einen Beförderungsvorgang zwischen zwei verschiedenen Staaten voraussetzt, und — entsprechend Art. X IÜ — das Konnossement in einem VSt ausgestellt sein muß. Im Schrifttum wird ausführlich erörtert, ob nicht die Anwendung des IÜ's noch zusätzlich von dem Vorhandensein eines — international — subjektiven Elementes abhängig gemacht werden muß, d. h., ob nicht die Parteien des Seefrachtvertrages und/oder der Empfänger des Gutes unterschiedlicher Nationalität sein müssen[303]).

Der Standpunkt der Rechtssprechung hat sich noch nicht mit genügender

---

[300]) Tribunal de Commerce du Havre, Urt. v. 12. 2. 51, D. M. F. 1951, S. 238 ff., (Transport von Brasilien nach Frankreich); Cour d'Appel de Rouen, Urt. v. 18. 5. 56, D. M. F. 1956, S. 529, (Transport von Argentinien nach Frankreich); Cour d'Appel de Paris, Urt. v. 4. 7. 58, D. M. F. 1959, S. 146, mit Anmerkung, Govare (S. 149) und Bouloy (S. 309), (Transport von Marokko nach Rouen) — Vorinstanz: Tribunal de Commerce de la Seine, Urt. v. 22. 2. 57, D. M. F. 1958, S. 497; Cour d'Appel de Bordeaux, Urt. v. 5. 11. 57, D. M. F. 1958, S. 215 (Transport von Agadir nach Bordeaux); vgl. ferner Guyon, Les transports, S. 209 ff., ferner die oben S. 32 Anm. 126 unter „Frankreich" bezeichnete Literatur.

[301]) Cour de Cassation, Urt. v. 7. 7. 1954, D. M. F. 1954, S. 646 (Transport von Santos nach LeHavre); Cour de Cassation, Urt. v. 14. 10. 57, D. M. F. 1958, S. 78 ff., (Transport von Santos nach Le Havre); Vorinstanz: Cour d'Appel de Rouen, Urt. v. 12. 2. 53, D. M. F. 1953, S. 677.

[302]) Cour de Cassation, Urt. v. 21. 2. 50, D. M. F. 1950, S. 277; Cour d'Appel de Rouen, Urt. v. 12. 7. 57, D. M. F. 1958, S. 27 ff. (Die Parteien hätten nicht die Freiheit, solche Regeln beiseite zu schieben, die die VSten „estimaient indispensable pour la sécurité et la moralité du commerce international".)

[303]) Dieser Auffassung neigen im Prinzip zu — wenn auch z. T. mit unterschiedlichen Anschauungen hinsichtlich der Art des zusätzlichen subjektiven Abgrenzungsmerkmals: Ripert II, S. 261 ff.; Marais, Les transports, S. 7 ff.; Marais, Les transports internationaux, S. 22 f.; Niboyet, Rapport, S. 421; Fraikin, S. 30 ff.; Sauvage, S. 128 ff.; Choteau, S. 18 ff.; Scapel, S. 73; Wolfson, S. 510.

Klarheit abgezeichnet. Cour de Cassation[304]) hat eine Entscheidung aufgehoben, in der ein Transport von Nigeria nach Frankreich nach den Bestimmungen des Gesetzes vom 2. 4. 1936 beurteilt worden war. Das Gericht der Vorinstanz hatte seine Entscheidung darauf gestützt, daß die vor dem französischen Gericht aufgetretenen Parteien, nämlich Verfrachter und Empfänger, beide französischer Nationalität waren[305]). Cour de Cassation hielt hingegen das IÜ für anwendbar, nicht jedoch — wie man erwarten sollte — weil das Konnossement in dem VSt Nigeria ausgestellt worden war, sondern weil es — neben derjenigen des Verfrachters — auf die Nationalität des Befrachters ankäme. — Es erscheint nicht ausgeschlossen, daß dennoch die Ausstellung des Konnossements in einem VSt — wenn auch unausgesprochen — für diesen Spruch mit ausschlaggebend gewesen war. In der Entscheidung desselben Gerichts vom 10. 11. 59[306]), dem Fall eines Transportes von St.-Denis (Réunion) nach Marseille, wird das Gesetz vom 2. 4. 1936 deshalb für maßgeblich gehalten, weil die Parteien des Frachtvertrages Franzosen sind. Auch diese Entscheidung ist im Ergebnis sicherlich zutreffend, jedoch nicht wegen der Nationalität der Parteien des Seefrachtvertrages, sondern weil es sich um einen Transport innerhalb der französischen Union handelte, dem insofern schon das Kriterium der — objektiven — Internationalität fehlte. — Auch in Anbetracht dieser beiden höchstrichterlichen Stellungnahmen wird das Erfordernis „subjektiver Internationalität" noch nicht als feststehende Voraussetzung des Vorranges des IÜ's dem Gesetz vom 2. 4. 1936 gegenüber angenommen werden können[307]).

Einen Versuch, die Konkurrenzlage zwischen IÜ und Gesetz zu beseitigen, hat — und zwar auf internationalem Wege — die „Association Française de Droit Maritime", die französische Landesgruppe des Comité Maritime International unternommen, als sie anläßlich der Amsterdamer Seerechtskonferenz 1949 den Antrag stellte, den Art. X IÜ durch Anfügen der Worte „à condition qu'il s'agisse d'un transport pour un autre

---

[304]) Urt. v. 15. 6. 59, D. M. F. 1959, S. 656.

[305]) Ebenso: Cour d'Appel de Paris v. 6. 5. 60, D. M. F. 1960, S. 549.

[306]) D. M. F. 1960, S. 141 ff. mit Anm. von de Juglart.

[307]) Unterschiedliche Nationalität bei Verfrachter und Empfänger (!) verlangt als zusätzliches Erfordernis für internationale Transporte Cour d'Appel de Madagascar, Urt. v. 19. 3. 52 (D. M. F. 1952, S. 599). — Eine ältere Entscheidung, Tribunal de Commerce du Havre, Urt. v. 3. 11. 1950, (D. M. F. 1951, S. 235) will auf den Reiseweg überhaupt nicht abstellen, sondern es nur auf den Heimatstaat von Be- und Verfrachter ankommen lassen. — Alternativ subjektive oder objektive Internationalität verlangt Cour d'Appel de Rennes, Urt. v. 21. 1. 56 (D. M. F. 1956, S. 411); in ähnlichem Sinne Tribunal de Commerce de Marseille, Urt. v. 2. 6. 50 (D. M. F. 1951, S. 88 ff.). Vgl. zum ganzen auch Kluge, Verfrachterhaftung, S. 25 ff.

Etat et sans tenir compte de la nationalité des parties" zu ergänzen[308]). Der Vorschlag stieß auf wenig Verständnis. Denn, abgesehen von Italien und der Schweiz, ist den übrigen VSten, insbesondere denjenigen, die von der Anpassungsklausel des Zeichnungsprotokolls Gebrauch gemacht haben, mit einer solchen Erweiterung des Art. X IÜ nicht gedient. Der Vorschlag wurde abgelehnt.

Auf dem Gedanken dieses Vorschlags basierend und wohl auch als Miturheber desselben vertritt erstmalig Prodromidès[309]) die These, das IÜ sollte in Frankreich immer dann angewendet werden, wenn ein in einem VSt ausgestelltes Konnossement sich auf einen zwei verschiedene Staaten berührenden Transport bezöge. Er fordert also den Verzicht auf zusätzliche subjektive Abgrenzungsmerkmale; er fundiert seine Ansicht sowohl mit rechtsdogmatischen Erwägungen wie auch mit dem Bedürfnis der Praxis nach einer klaren und einfachen Grenzziehung. Ihm hat sich Guyon[310]) angeschlossen.

Die Association Française de Droit Maritime hat ihren Vorschlag im Rahmen der Vorbereitungsarbeiten des CMI zur Änderung des Art. X IÜ erneut vorgetragen[311]). Der in Rijeka 1958 entstandene Entwurf einer Neufassung des Art. X trägt dem französischen Wunsch Rechnung[312]). Naturgemäß wäre allerdings für die französische Jurisprudenz auch ein anderer Weg zur Beseitigung der lästigen Gesetzeskonkurrenz[313]) gangbar, nämlich das Gesetz vom 2. 4. 1936 aufzuheben oder seine Anwendbarkeit auf die (kleine) Kabotage zu beschränken, um so den Rechtszustand herbeizuführen, der den ursprünglichen Intentionen der IÜ-Schöpfer entsprach: Unterschiedslose Geltung des IÜ sowohl in den nationalen Bereichen wie auch bei internationalen Beförderungsvorgängen. — An Stimmen für eine solche Maßnahme hat es in Frankreich nicht gefehlt. So sagt Chauveau[314]): „Zweifellos wäre es das beste, endlich

[308]) Bulletin No. 104 Comité Maritime International, Conférence d'Amsterdam, S. 601 vgl. hierzu D. M. F. 1949, S. 451.

[309]) S. 123 ff.

[310]) Controverses, 201 ff. (insbesondere S. 203); Les transports, S. 129 ff. (insbesondere S. 163 und 200). Yiannopoulos, France, S. 523 charakterisiert die Annahme, ein zusätzliches subjektives Element müßte hinzukommen, als eine „contra legem"-Interpretation des Art. X IÜ.

[311]) Dokument Con. 12 (Frankreich), S. 3 (Rapporteur: M. Prodromidès) ferner Govare in CMI-Conference of Rijeka, S. 375 f.

[312]) Vgl. unten S. 103.

[313]) Nicht ganz zu Unrecht kritisiert Scapel, S. 75, die Doppelgleisigkeit der Gesetzessituation in Frankreich: „En votant ces deux textes législatifs, le Parlament Français a eu en vue de faire oeuvre d'unification: certains esprits chagrins pourront dire qu'il n'a réussi qu'à faire oeuvre de complication."

[314]) Traité, S. 500.

unsere Ratifikation des IÜ's zu respektieren und das Gesetz vom 2.4.1936 durch die Konvention zu ersetzen." Schon vorher hatte Ripert[315]) die Vereinheitlichung der beiden Seefrachtrechte in Frankreich angeregt.

3. Rechtsanwendungs- und Jurisdiktionsabreden

Wie schon erwähnt, bleiben in den Konnossementen enthaltene, von den Parteien für anwendbar erklärte Rechtsanwendungsklauseln im zwingenden Geltungsbereich des Gesetzes und des IÜ's unberücksichtigt. Das gleiche gilt im Rahmen des Gesetzes vom 2. 4. 1936 auch für Jurisdiktionsklauseln. Die zulässigen Gerichtsstände sind in Art. 10 des Gesetzes abschließend bestimmt. Hierzu im Widerspruch stehende Parteiabreden — wie auch Schiedsgerichtsvereinbarungen — sind nach Art. 10 Abs. 4 nichtig[316]).

Anders im Anwendungsbereich des IÜ's: Da das IÜ kein Verbot enthält, besteht im überwiegenden Schrifttum[317]) und der Rechtssprechung[318]) die übereinstimmende Ansicht, daß der Wahl des Gerichtsortes durch die Parteien oder einer Arbitrage-Vereinbarung unbeschränkt zu entsprechen ist[319]). Die Frage, ob und inwieweit im Einzelfalle Gerichtsstandsabreden

[315]) Précis, S. 267: „Dès lors, comme il serait illogique d'avoir deux lois applicables à la fois une loi interne et une Convention Internationale, il fallait conformer la loi interne aux dispositions de la Convention."

[316]) Cour d'Appel de Rouen, Urt. v. 4. 11. 55, D. M. F. 1956, S. 603; Guyon, Les transports, S. 150, vgl. auch Bertrand de la Grassière, La navigation, S. 639 ff.

[317]) Ripert, Bd. 2, S. 336 ff.; Scapel, S. 79; Fraikin, S. 413 ff.; Marais, Les transports nationaux, S. 83 ff.; Sauvage, S. 117 ff.; Bertrand de la Grassière, Clause attributive, S. 122 (mit Einschränkung); Guyon, Les transports, S. 149 f., 192, 206; Yiannopoulos, Validity, S. 533 ff.

[318]) Cour d'Appel d'Alger, Urt. v. 29. 6. 51, D. M. F. 1952, S. 626; Cour d'Appel de Paris, Urt. v. 31. 10. 52, D. M. F. 1954, S. 14; Tribunal de Commerce d'Alger, Urt. v. 23. 11. 53, D. M. F. 1954, S. 497; Tribunal de Commerce d'Alger, Urt. v. 25. 3. 54, D. M. F. 1954, S. 562; Tribunal de Commerce d'Alger, Urt. v. 10. 1. 55, D. M. F. 1955, S. 548; Tribunal de Commerce d'Alger, Urt. v. 13. 1. 55, D. M. F. 1955, S. 497; Tribunal de Commerce de Marseille, Urt. v. 14. 1. 55, D. M. F. 1956, S. 182; Tribunal de Commerce d'Alger, Urt. v. 24. 11. 55, D. M. F. 1956, S. 562 (Konnossement war hier allerdings nicht im VSt ausgestellt); Tribunal de Commerce de Bordeaux, Urt. v. 27. 3. 57, D. M. F. 1957, S. 616 (selbst in Anbetracht des Verbotes von Jurisdiktionsklauseln am marokkanischen Abschlußort); Tribunal de Commerce de Dunkerque, Urt. v. 13. 5. 57, D. M. F. 1957, S. 633; Tribunal de Commerce de la Seine, Urt. v. 5. 6. 57, D. M. F. 1957, S. 625; Tribunal de Commerce de Marseille, Urt. v. 18. 4. 58, D. M. F. 1959, S. 314; Tribunal de Commerce d'Alger, Urt. v. 2. 2. 59, D. M. F. 1959, S. 618.

[319]) Ein absolutes Verbot der Vereinbarung eines fremden Gerichtsstandes enthält das marokkanische Recht. (Vgl. Tribunal de Commerce de Bordeaux, Urt. v. 27. 3. 57, D. M. F. 1957, S. 616.)

als Art. III § 8 IÜ zuwiderlaufend angesehen werden müssen, wird nirgendwo erörtert. Marais[320]) ist allerdings der Meinung, daß der französische „ordre public" dann mit Nichtigkeitsfolge für die Gerichtsstandsklausel wirksam werden müßte, wenn das ausländische Gericht, auf dessen Zuständigkeit verwiesen wird, ein Recht anwenden würde, das dem Befrachter ungünstiger ist als das IÜ.

4. Zusammenfassung

Frankreichs dringendstes Problem auf dem Gebiete des Seefrachtrechts ist somit eine praktikable Grenzziehung zwischen dem IÜ und dem Gesetz vom 2. 4. 1936. Dieser Sorge wäre die französische Jurisprudenz freilich enthoben, wenn sich eine Vereinheitlichung des nationalen und des internationalen Seefrachtrechts im Sinne einer unbeschränkten Geltung des IÜ's herbeiführen ließe.

Ließe sich dieser Zustand erreichen, so würde Frankreich zu den wenigen Staaten gehören, in denen das IÜ ausschließlich und unmittelbar gilt, weil von der Anpassungsklausel des Zeichnungsprotokolls nicht länger Gebrauch gemacht werden würde. Frankreich würde mithin den vertragstreuesten Staaten zuzurechnen sein. Was zur Vervollkommnung der Rechtsvereinheitlichung zu tun übrig bliebe, nämlich die Einbeziehung des aus NVSten einkommenden Verkehrs in dem Geltungsbereich des IÜ's wäre nicht Sache des französischen Gesetzgebers, sondern die Aufgabe einer internationalen diplomatischen Seerechtskonferenz. Es fehlt auch in Frankreich nicht an Stimmen, die eine solche Angleichung für wünschenswert halten[321]). Abgesehen davon, daß es wünschenswert ist, daß in den VSten auf internationale Transporte ein einheitliches Seetransportrecht angewendet wird, ist es auch nicht einzusehen, daß die Anwendung des IÜ's beispielsweise von dem Zufall abhängt, ob das Konnossement im Gebiet eines VStes gezeichnet ist oder etwa an Bord eines in einem VSt registrierten Schiffes, das sich in den Hoheitsgewässern eines NVSt aufhält[322]).

Auch am Beispiel Frankreichs zeigt sich wiederum, daß eine vollständige Rechtsvereinheitlichung erfordert, Jurisdiktionsabsprachen dann und insoweit unbeachtet zu lassen, als die Zuständigkeit eines in einem NVSt gelegenen Gerichtes vereinbart ist.

---

[320]) Les transports internationaux, S. 126.

[321]) Sauvage, S. 131; vgl. auch Tribunal de Commerce du Havre, Urt. v. 29. 5. 1955, D. M. F. 1958, S. 116. (Anwendung des IÜ's für einen Transport von Peru nach Frankreich.)

[322]) Guyon, S. 133: „Le contrat signé à bord d'un navire battant pavillon d'un Etat contractant est censé conclu sur le territoire de cet Etat, même lorsque le bâtiment se trouve dans des eaux territoriales étrangères."

VI. Belgien

1. Geltungsumfang

Belgien hat das IÜ durch Gesetz vom 28. 11. 1928 in sein nationales Recht eingeführt. Art. 91 Code Maritime Belge, der seit dem 2. 6. 1931 in Kraft ist[323]), enthält eine vollständige Wiedergabe der Art. I bis IX des IÜ's. Obwohl Belgien somit von der Anpassungsklausel des Zeichnungsprotokolls zum IÜ Gebrauch gemacht hat, kann es dennoch für sich in Anspruch nehmen, dem IÜ selbst Gesetzeskraft beigelegt zu haben, weil eben die Einarbeitung in das nationale Recht ohne sachliche, ja sogar ohne redaktionelle Änderungen vorgenommen wurde.

Belgien hatte sich die amerikanische Harter Act zum Vorbild genommen[324]) und seinem IÜ-Gesetz einen Anwendungsbereich gegeben, der weiter geht als das, was bezüglich des Anwendungsrahmens des IÜ's aus dem Wortlaut des Art. X IÜ entnommen werden kann. — Die belgischen IÜ-Bestimmungen sind zufolge Art. 91, A des belgischen Seegesetzes auf alle Konnossemente anwendbar, „négociable émis pour le transport des marchandises effectué par tout navire, de quelque nationalité qu'il soit, au départ ou à destination d'un port du royaume ou de la colonie[325])." Obwohl in der Umgrenzung seines Geltungsbereiches sachlich mit der — später entstandenen — sect. 13 der US-COGSA übereinstimmend, ist der belgische Gesetzgeber insofern noch deutlicher geworden, als er Art. 91 — unbeschadet der Nationalität der befördernden Schiffe — auf alle ein- und ausgehenden Transporte für anwendbar erklärt, dem Inhalt dieser Gesetzesnorm also auch Ausländer unterwirft[326]). Art. 91 des belgischen Seegesetzes wird in Belgien daher als eine Vorschrift des „ordre public international" bezeichnet[327]).

Bemerkenswert ist ferner, daß der belgische Gesetzgeber sich bei der Bestimmung des Anwendungsbereiches ausschließlich an dem Reiseweg, nicht hingegen an dem Ausstellungsort des Konnossementes orientiert hat.

---

[323]) Smeesters-Winkelmolen, Bd. 2, S. 253.

[324]) Smeesters-Winkelmolen, Bd. 2, S. 250.

[325]) Mit „colonie" ist das Gebiet ehemalig Belgisch-Kongo gemeint.

[326]) Es liege im Ermessen des heimischen Gesetzgebers — so meinen Smeesters-Winkelmolen II (S. 249) —, die Befolgung bestimmter Gesetze auch Ausländern zur Pflicht zu machen. Im Falle des IÜ's gebiete dies auch der Sinn und Zweck der Konvention (S. 253).

[327]) Van Bladel, S. 36 und 38 mit Hinweisen auf die Motive zum Gesetz; Smeesters-Winkelmolen II, S. 252, mit Hinweisen auf die ältere belgische Rechtssprechung; ferner Cour de Cassation der Belgique, Urt. v. 9. 6. 32, Revue Dor. Bd. 27, S. 72 ff. (73) und Anm. zu dieser Entscheidung (anonym) a. a. O. S. 75, 77 f., 82; Cour de Bruxelles, Urt. v. 21. 2. 35, Revue Dor Bd. 34, S. 117 und Anm. (anonym) a. a. O. S. 120.

Die IÜ-Bestimmungen sind bei einkommenden Transporten also auch anzuwenden, wenn der Transport in einem NVSt seinen Ausgang genommen hat. Bei Belgien verlassenden Transporten werden freilich Ausstellungs- und Verschiffungsland in der Regel identisch sein.

Über den gesetzlich stipulierten Anwendungsrahmen hinaus wird nach Meinung von Smeesters-Winkelmolen[328]) das IÜ in Belgien auch auf belgisches Territorium nicht berührende Transporte angewendet werden, sofern das Konnossement in einem VSt ausgestellt ist[329]).

Jedes Konnossement, das der Anwendungsregel des Art. 91, A des belgischen Seegesetzes unterfällt, muß gemäß Art. 91, B eine Paramount-Klausel enthalten, aus der sich ergibt, daß seine Wirkungen nach Maßgabe des Art. 91 zu beurteilen sind[330]). Belgische Gerichte wenden Art. 91 allerdings auch dann an, wenn die Paramount-Klausel fehlt. Einen Zweck haben solche Klauseln nur vor ausländischen Gerichten, sofern diese die Klausel zum Anlaß nehmen, das IÜ überhaupt anzuwenden. Konnossemente ohne Paramount-Klausel sind nicht etwa nichtig[331]).

2. Rechtswahl- und Jurisdiktionsklauseln

Die belgischen Gerichte behandeln Rechtswahlklauseln in Konnossementen — weil unvereinbar mit Art. III § 8 IÜ — als ungültig und lassen auch Jurisdiktionsabreden grundsätzlich unbeachtet. Im belgischen Schrifttum wird zutreffend darauf hingewiesen, daß zwischen Gerichts- und Rechtswahlklauseln eine so enge Beziehung besteht und demzufolge der Effekt beider Klauseln im praktischen Ergebnis der gleiche sein kann[332]).

In bezug auf Gerichtsstandsklauseln macht die neue belgische Rechtsprechung dann eine Ausnahme vom Prinzip der Ungültigkeit, wenn gewährleistet ist, daß das Gericht, dessen Zuständigkeit vereinbart ist, die Vorschriften des Art. 91 Code Maritime Belge im Rahmen seines zwingenden Anwendungsbereiches, so wie sie in Belgien gelten und ausgelegt

---

[328]) S. 253.

[329]) Gerichtliche Entscheidungen, die die Ansicht von Smeesters-Winkelmolen bestätigen, liegen noch nicht vor. (C. M. I. Doc. Con. 20 [Belgien].)

[330]) „... portera la mention qu'il est régi par les règles de l'article 91".

[331]) Smeesters-Winkelmolen II, S. 254.

[332]) Smeesters-Winkelmolen II, S. 259: „La nullité de la première clause entraîne la nullité de la seconde ... La clause de compétence est en effet en relation si étroite avec la clause de référence à la loi du Tribunal compétent, qu'elle apparaît comme un accessoire dont le but est d'assurer l'application exacte et intégrale de la loi étrangère, à laquelle le contrat est conventionellement soumis."

In diesem Sinne auch: Cour de Cassation de Belgique, Urt. v. 9. 6. 32, Rev. Dor Bd. 27, S. 72 ff. (73) und Cour d'Appel de Bruxelles, Urt. v. 21. 2. 35, Rev. Dor Bd. 34, S. 114 ff. (117).

werden, anwendet[333]). Dies setzt voraus, daß das Konnossement ausdrücklich die belgischen IÜ-Bestimmungen für anwendbar erklärt[334]). Verweisungen auf die IÜ-Gesetzgebung eines anderen Staates oder auf das IÜ selbst werden nicht als gleichwertig erachtet[335]).

Belgien gehört demnach zu den VSten, die alles in ihren Kräften stehende unternehmen, um dem IÜ zur größtmöglichen Entfaltung zu verhelfen und die damit am konsequentesten der Sache der Rechtsvereinheitlichung dienen.

VII. Niederlande

Ihren formalen Beitritt zum IÜ haben die Niederlande erst am 18. 8. 1956 erklärt, wenngleich ihr Seehandelsrecht schon Mitte der zwanziger Jahre dem IÜ weitgehend angepaßt war[336]). Den Anwendungsbereich der Bestimmungen regelte damals wie heute Art. 517 d WvK. Das Gesetz galt damals zwingend für aus- und einkommende Transporte. Freizeichnungen wurden im Falle einkommender Transporte dann anerkannt, wenn sie nach dem Recht des Verschiffungslandes gültig waren[337]). Art. 517 d WvK erhob also die von ihm für obligatorisch erklärten Vorschriften innerhalb ihres Geltungsbereichs zu solchen des „ordre public". Er hatte insoweit den Charakter einer international-privatrechtlichen Kollisionsnorm[338]).

Ob und inwieweit das WvK auch für den Cross-Verkehr zwingend galt, wurde weder in Art. 517 d noch an anderer Stelle des Gesetzes gesagt. Das IÜ-Gesetz wurde jedenfalls von den Gerichten nicht auf den Cross Trade angewendet[339]).

Mit Wirkung vom 26. 8. 56 ist in Holland das Gesetz vom 15. 8. 1955

---

333) Konnossementsklauseln, die die Anwendung belgischen IÜ-Rechts und deren Interpretation nach Art der belgischen Gerichte vorschreiben, werden z. B. in Deutschland berücksichtigt. (Vgl. Hans.OLG. Hamburg, Urt. v. 1. 7. 58, Az. 3 (1) U. 287/1957 [unveröffentlicht].)

334) Tribunal de Commerce d'Anvers, Urt. v. 4. 5. 53, — J. P. A. 1953, S. 154 — (holländischer Gerichtsstand — Wahl belgischen Rechts); vgl. ferner Knauth, Bill of Lading, S. 162.

335) Cour d'Appel de Bruxelles, Urt. v. 31. 10. 1950 (J. P. A. 1951, S. 11 ff. [12]).

336) Offerhaus, Conflict, S. 602 ff.

337) Rücksicht genommen wurde also nur auf die lex loci contractus. Van Slooten, S. 65 u. 67; Offerhaus, Conflict, S. 615 f.

338) Van Empel, S. 632.

339) In solchen Fällen galt früher die lex loci contractus; heute wird das Recht angewendet, zu dem der Transport in engster Beziehung steht. (Schadee, S. 310 mit Hinweisen auf die Rechtssprechung.)

„betreffend das neue Seerecht" in Kraft getreten, mit welchem der Wortlaut der Art. I—VIII des IÜ's[340]) zum Bestandteil des WvK gemacht wurde. Die Niederlande sind von der ursprünglichen Anwendungsregel nunmehr abgewichen und Art. 517 d WvK erklärt — englischem Vorbild folgend — die IÜ-Bestimmungen ausschließlich nur noch für ausgehende Transporte zu Vorschriften des „ordre public"[341]). Die holländischen Hafen-Interessen dürften für diese Einengung des Anwendungsbereiches mit ausschlaggebend gewesen sein[342]).

Die holländische Rechtssprechung befand sich unter der Herrschaft der alten Anwendungsbestimmungen und auf einer Linie mit derjenigen Belgiens. Überaus instruktiv ist das Urteil des Kassationsgerichtes der Niederlande (Hoge Raad) v. 12. 12. 47[343]).

> Das englische Schiff „Celtic Star" beförderte Apfelsinen von Rio nach Hoek von Holland. Die Partie erreichte den Bestimmungsort in verdorbenem Zustand. Eine Konnossementsklausel sah vor, daß Streitfälle vor englischen Gerichten entschieden werden sollten. — Die Vorinstanz hatte sich in Anbetracht der Klausel für unzuständig erklärt. Der Hoge Raad hielt die erwähnte Klausel für nichtig.

Die Entscheidung ist insofern besonders interessant, als das Gericht — offenbar bewußt — das englische „Vita Food"-Urteil in seine Überlegungen mit einbezogen hatte. Das Gericht stellte fest, daß der Ausnahmetatbestand des Art. 517 d (Gültigkeit der Negligence-Klausel am Verschiffungsort) nicht gegeben war. Es wies sodann darauf hin, daß englische Gerichte das IÜ in der Gestalt der brit. COGSA nur auf ausgehende Ladungen anwendeten und daß daher die Berücksichtigung der IÜ-Bestimmungen durch die britischen Gerichte nicht gewährleistet wäre. Aus diesem Grunde widerspräche die Verweisung des Rechtsfalles an ein britisches Gericht dem holländischen „ordre public".

Offerhaus[344]) lehnt das Ergebnis dieser — wie er berichtet — viel diskutierten Entscheidung ab, weil er sie für „contrary to a reasonable distribution of jurisdiction in the international field" hält. — Diese Beanstandung überzeugt nicht. Sofern man sich — wie die Niederlande — zum Verfechter der für richtig und wünschenswert erkannten Sache der Rechtsvereinheitlichung gemacht hat, wäre es inkonsequent, es dem Be-

---

[340]) Das IÜ gilt — obwohl im Originalwortlaut inkorporiert — dennoch auch in Holland als „angepaßtes" Recht. (Vgl. Offerhaus, Conflict, S. 604: „The Convention will not directly bind the individuals ... it is not self-executing.")

[341]) Royer, S. 1 und 57.

[342]) Vom Standpunkt der Häfen wurden bereits gegen die alte Fassung des Art. 517 d WvK Bedenken geltend gemacht; vgl. van Slooten, S. 59 Anm. (j).

[343]) N. J. 1948, S. 608; auszugsweise französische Übersetzung in „Journal du Droit International" 1950, S. 922.

[344]) Conflict, S. 616 f.

lieben der Parteien oder dem Spiel des Zufalles zu überlassen, die Einheitlichkeit des Rechts und der Rechtsanwendung zu durchbrechen.

VIII. Italien

Die Situation in Italien ist vergleichbar derjenigen in Frankreich. In Italien gilt neben dem IÜ ein nationales Gesetz, und die Abgrenzung der Geltungsbereiche beider Gesetze bereitet Schwierigkeiten. Der italienische Kassationsgerichtshof entschied am 22. 6. 1954[345]), daß das IÜ gilt, sofern nur ein Konnossement in Italien ausgestellt worden ist. Der Tatbestand der Entscheidung war indessen so, daß darüber hinaus der Bestimmungshafen in einem VSt lag, und ferner der Empfänger einem anderen VSt angehörte. — Wenige Tage später — am 16. 7. 54 — entschied dasselbe Gericht[346]), die Anwendung des IÜ's setze nicht nur einen internationalen Beförderungsweg voraus, sondern es müsse ein subjektives internationales Element hinzukommen, etwa dergestalt, daß Verfrachter und Empfänger (!) verschiedenen Staaten angehören.

Eine Besonderheit des italienischen Rechts, nicht nur des Seerechts oder gar des IÜ-Rechts allein, ist es, daß in den Konnossementen enthaltene Absprachen nicht ohne weiteres anerkannt werden, wenn es sich um zusätzliche, nicht aus der Natur der Sache notwendige Vereinbarungen (sog. vexatorische Klauseln) handelt. Solche werden nur dann als gültig angesehen, wenn sie durch eine besondere Gegenzeichnung desjenigen, der die Verpflichtung auf sich nimmt, gebilligt werden.

Gerichtsstandsabsprachen in Konnossementen haben keine materiellrechtliche Bedeutung, sondern sind vielmehr als prozessuale Rechtsgeschäfte anzusehen. Dennoch werden solche Abmachungen auf Grund von Art. 2 der italienischen Prozeßordnung den vexatorischen Klauseln gleichbehandelt, also nur dann beachtet, wenn sie gesondert getroffen werden. Der Ausschluß der italienischen Gerichtsbarkeit ist zufolge der italienischen Prozeßordnung aber überhaupt nur möglich, wenn das Rechtsverhältnis zwischen Ausländern oder zwischen einem Ausländer und einem Italiener besteht, der im italienischen Staatsgebiet weder seinen Wohnsitz noch seinen ständigen Aufenthalt hat. Es ist allerdings anerkannt, daß auch die Vereinbarung mit einem in Italien ansässigen Italiener wirksam ist, wenn der Anspruch aus dem Vertrage durch Indossament anschließend auf einen zweiten Ausländer übergeht[347]).

---

[345]) Vgl. CMI Doc. Con. 1 (Introduktion) mit Hinweis auf die Urteilswiedergabe in „Rivista di diritto marittimo", 1954, S. 452 und 1955, S. 21.

[346]) Vgl. CMI Doc. Con. 1 mit Hinweis auf „Rivista di diritto marittimo" 1955, S. 195.

[347]) Vgl. zum ganzen Mortillaro, S. 14 ff. mit Hinweisen auf die italienische Judikatur; ferner Geata, D. M. F. 1957, S. 700 f.

IX. Skandinavien

Das Seefrachtrecht in Dänemark, Finnland, Norwegen und Schweden ist nahezu übereinstimmend. Die skandinavischen Staaten haben auch bei der Inkorporierung der Haager Regeln in engster Weise zusammengearbeitet. — Schweden hatte bereits am 5. 6. 1936 sein Seefrachtrecht dem IÜ angepaßt; es folgten Dänemark (7. 5. 1937), Norwegen (4. 2. 1938) und Finnland (9. 6. 1939). Die Einarbeitung des IÜ-Inhalts wurde sinngemäß vorgenommen, so daß geringfügige Abweichungen nicht vermeidbar waren[348])[349]).

Art. 9 Abs. 1 Satz 1 des norwegischen Gesetzes lautet in der englischen Übersetzung:

„This Act shall apply to all Bills of Lading and similar documents of title issued in respect of goods carried on a ship from Norway to other countries or to Norway from countries which have adopted the International Convention dated 25th August, 1924 for the unification of certain rules regarding Bills of Lading[350])."

Das IÜ-Recht gilt somit nicht zwingend in dem Skandinavien nicht berührenden Verkehr (Cross Trade); ferner dann nicht, wenn ein einkommender Transport in einem NVSt seinen Ausgang genommen hat. Als NVSt in diesem Sinne gelten alle Staaten, die das IÜ weder ratifiziert haben noch ihm beigetreten sind, mithin auch alle Quasi-VSten. Diese Auslegung ist bereits durch skandinavische Gerichtsentscheidungen bestätigt worden[351]).

Das IÜ gilt nicht im innerskandinavischen Verkehr.

Vereinbarungen außer-skandinavischer Gerichtszuständigkeit werden nach Feststellung St. Dor's[352]) als gültig behandelt.

X. Australien

Die australische Carriage of Goods by Sea Act, 1924 (austral. COGSA)[353]), die im übrigen der brit. COGSA gleicht, weist eine Besonderheit in Gestalt der sect. 9 auf[354]), die wie folgt lautet:

---

348) Gram, S. 1 (Foreword).

349) Nicht zutreffend ist die Annahme Knauth's (Bill of Lading, S. 459), daß der Anwendungsbereich des norwegischen IÜ-Gesetzes von demjenigen der Gesetze der übrigen skandinavischen Länder abweicht.

350) Gram, S. 64.

351) Vgl. CMI Doc. Con. 6 (Norwegen), Verfasser: Annar Poulsen u. Per Gram; ferner CMI Doc. Con. 2 (Finnland), Con. 3 (Schweden), Con. 4 (Dänemark); siehe auch Astle, S. 207.

352) S. 27.

353) Wortlaut auszugsweise u. a. bei Astle, S. 272; Carver, S. 1051; Colinvaux, S. 154; Markianos, S. 235 f.

354) Eine gleichlautende Vorschrift wurde übernommen von den Fidschi-

„(1) All parties to any bill of lading or document relating to the carriage of goods from any place in Australia to any place outside Australia shall be deemed to have intended to contract according to the laws in force at the place of shipment, and any stipulation or agreement to the contrary, or purporting to oust or lessen the jurisdiction of the courts of the Commonwealth[355]) or of a State in respect of the bill of lading or document, shall be illegal, null and void, and of no effect.

(2) Any stipulation or agreement, whether made in the Commonwealth or elsewhere, purporting to oust or lessen the jurisdiction of the courts of the Commonwealth or of a State in respect of any bill of lading or document relating to the carriage of goods from any place outside Australia to any place in Australia shall be illegal, null and void, and of no effect."

Die Einfügung dieser Vorschrift in das australische IÜ-Gesetz ist verständlich, wenn man sich vergegenwärtigt, daß Australien selbst traditionell keine internationale Schiffahrt betreibt. Da damit zu rechnen ist, daß ohne eine sect. 9 entsprechende Vorschrift auch die im Australverkehr tätigen ausländischen Schiffahrtsgesellschaften in der Regel die Gerichte ihres Heimatstaates als für etwaige Streitfälle ausschließlich zuständig bestimmen würden, liefe Australien ohne sect. 9 oder eine entsprechende Vorschrift Gefahr, auch von der Jurisdiktion jener Staaten, deren Tonnage es in Anspruch nimmt, abhängig zu werden.

Alle Austral-Transporte unterstehen somit australischer Jurisdiktion und — sofern es sich um ausgehende Transporte handelt — zwingend auch australischem Recht; nicht nur demjenigen der austr. COGSA, sondern schlechthin „to the laws in force", also *allen* am Verschiffungsort geltenden Gesetzen. Einer Bezugnahme auf australisches Recht in den Frachtverträgen bedarf es nicht, weil — ähnlich der palästinensischen Regelung[356]) die Parteien „shall be d e e m e d to have intended to contract according to the laws in force at the place of shipment." Die praktische Bedeutung des Abs. 1 der sect. 9 hat sich bereits in der englischen Rechtssprechung im Falle *Ocean Steamship Co. v. Queensland Wheat Board*[357]) abgezeichnet, in welchem Court of Appeal feststellen mußte, daß diese Vorschrift Rechtswahlklauseln der Parteien im Range vorgeht.

Inseln (sect. 7 der Sea Carriage of Goods Ordinance, 1926 — siehe A s t l e, S. 281). Die gleiche Regelung gilt ferner in Nauru (C o l i n v a u x, S. 154, Anm. 5). Sect. 9 Abs. 2 findet sich ferner in gleicher Fassung in sect. 310 (6) der noch nicht in Kraft getretenen Merchant Shipping Act, 1951 der Südafrikanischen Union (C o l i n v a u x, S. 159, Anm. 13 a).

[355]) Mit „Commonwealth" ist hier das australische, nicht das britische gemeint.

[356]) Vgl. den „Torni"-Fall — oben S. 35 ff.

[357]) [1941] 1 K. B. 402; vgl. oben S. 51 ff.

Der zwingende, ja sogar „ordre public"-Charakter der Regelung des Abs. 2 der sect. 9 wird durch die Entscheidung des High Court of Australia in Sachen *Wilson v. Compagnie des Messageries Maritimes*[358]) bestätigt.

Auf den in Frage stehenden Transport von Dünkirchen nach Sydney wurde — dem Willen der Parteien entsprechend — zwar französisches Recht angewendet, die Vereinbarung eines französischen Gerichtsortes allerdings als der public policy[359]) Australiens sowie dem Verbot der sect. 9 Abs. 2 „expressed in the strongest words"[360]) zuwiderlaufend und daher als nichtig angesehen[361]).

XI. Andere Staaten

Eine Anwendungspraxis der Gerichte hat sich naturgemäß in denjenigen bedeutenderen Schiffahrtsnationen noch nicht abgezeichnet, die erst in jüngster Zeit VSten geworden sind. Dies gilt für Japan[362]) (Ratifikation des IÜ's am 1. 7. 57) und vor allem für Jugoslawien[363]) (Ratifikation des IÜ's am 17. 4. 59). Ferner fehlt es bislang an Entscheidungen der schweizerischen Gerichte, deren Stellungnahmen ebenfalls von Interesse wären[364]).

ANHANG

Die Paramount-Klausel

Zwischen dem Anwendungsbereich des IÜ's und der Paramount-Klausel (PC) besteht ein enger Konnex. Die PC erscheint — wenn auch in unterschiedlicher Gestalt — in der überwiegenden Zahl aller Konnossemente. Ihrer Zweckbestimmung nach könnte man die PC auch als „Vorrangklausel" bezeichnen.

---

[358]) [1954] 2 Ll. L. Rep. 544; Vorinstanz: Supreme Court of New South Wales [1954] 1 Ll. L. Rep. 229.

[359]) A. a. O. S. 547.

[360]) A. a. O. S. 546.

[361]) Eine der australischen Rechtssprechung vergleichbare Einstellung haben die Gerichte der VAR gegenüber Gerichtsstandsklauseln, sofern es sich um einkommende Transporte handelt; vgl. Faire D. M. F. 1952, S. 392 und 1955, S. 312.

[362]) Vgl. Komashiya, S. 117 ff.; ferner CMI Doc. Con. 22 (Japan).

[363]) Vgl. hierzu Katicic, S. 204 f.; Suc, Uniform application, S. 63 ff.; Suc, La nouvelle Loi, S. 696 f.; Cigoj, S. 93 ff.

[364]) Vgl. hierzu Müller, S. 635 ff.; Hosner, S. 17; ferner CMI Doc. Con. 39 (Schweiz).

1. Entstehung der Paramount-Klausel

Läßt man die Zeit vor dem Inkrafttreten des IÜ's außer Betracht[365]), so war es England, das als erste Nation das Paramount-Erfordernis gesetzlich eingeführt hatte. Sect. 3 der brit. COGSA verlangt für alle Konnossemente, auf die das Gesetz zwingend anzuwenden ist, d. h., alle ausgehenden Transporte betreffende Konnossemente, einen ausdrücklichen Hinweis dahingehend, daß das Rechtsverhältnis den Bestimmungen der COGSA untersteht[366]).

Dem Beispiel Englands sind viele VSten teils vollständig, teils nur im Prinzip gefolgt.

Welche Motive den englischen Gesetzgeber zu dieser Regelung veranlaßt haben, läßt sich nur hypothetisch rekonstruieren. Sicherlich hat die Überlegung mitgespielt, daß der Einfluß des Gesetzgebers an den Grenzen des Landes aufhört und daß das durch Ratifikation gegebene Versprechen, das IÜ auf alle im Hoheitsgebiet des Gesetzgebers ausgestellte Konnossemente anzuwenden (Art. X), ein VSt dann nicht mehr erfüllen kann, wenn Auseinandersetzungen zwischen Verfrachter und Verlader außerhalb des Ausstellungslandes ausgetragen werden. Der britische Gesetzgeber sah offenbar bereits die Lückenhaftigkeit der Anwendungsregel des Art. X und wollte ihr dadurch begegnen, daß von gesetzeswegen allen ausgehenden Konnossementen der Stempel des IÜ's — auch für Gerichte anderer Staaten sichtbar — aufzudrücken war. Er erhoffte sich auf diese Weise mutmaßlich die Anwendung seines IÜ-Gesetzes in anderen Staaten, wenn auch nicht immer als Gesetz[367]), so doch wenigstens als Vertragsabrede[368]). Die Absicht, auf diese Weise den Anwendungsbereich des IÜ's auszudehnen, mag mitgespielt haben. Sicherlich sollte auch den

---

[365]) Es wurde bekanntlich schon vor dem Jahre 1924 versucht, die Parteien von Seefrachtverträgen zu veranlassen, die HR — sei es durch Aufnahme ihres Wortlautes, sei es durch generelle Verweisung — zum Bestandteil der Seefrachtverträge zu machen. Die Generalverweisung sollte durch Paramount-Klauseln erfolgen.

[366]) Sect. 3 brit. COGSA: „Every bill of lading, or similar document of title issued in Great Britain or Northern Ireland which contains or is evidence of any contract to which the Rules apply shall contain an express statement that it is to have effect subject to the provisions of the said Rules as applied by this Act.“

[367]) Dies kommt nur dann in Betracht, wenn der Gerichtsstaat das Recht des Ausstellungslandes des Konnossementes als Schuldstatut ermittelt.

[368]) Temperley, S. 33: „The result of the insertion of a clause paramount is to make the Rules and the Act effective as part of the contract between the parties, and thus to extend their operation beyond Courts administering English law, even in cases where English law is not the ‚proper law‘ of the contract of carriage.“

Verfrachtern verwehrt werden, sich — ungeachtet der Ausstellung des Konnossementes in einem VSt — vor den Gerichten anderer Staaten auf Negligence-Klauseln zu berufen, die mit den IÜ-Bestimmungen unverträglich sind[369]).

2. Gesetzliche Verpflichtung zur Aufnahme von Paramount-Klauseln in Konnossemente

PCn als Bestandteil ausgehender Konnossemente werden — einschließlich Portugals — mit einer Ausnahme in allen Staaten verlangt, die sich dem britischen System[370]) angeschlossen haben.

Die entsprechenden Bestimmungen in den IÜ-Gesetzen sind zumeist sect. 3 der brit. COGSA nachgebildet. Eine Besonderheit besteht in Israel. Sect. 4 der israelischen (früher palästinensischen) COGS-Ordinance[371]) ist nämlich eine Fiktion angefügt, derzufolge das israelische IÜ-Gesetz selbst dann als Vertragsbestandteil gilt, wenn die Parteien es unterlassen haben, eine PC in das Konnossement zu inkorporieren[372]).

Von den Ländern der Gruppe des britischen Systems verlangen lediglich die Niederlande keine PC.

Die gesetzliche Pflicht, eine solche Klausel in ausgehende Konnossemente aufzunehmen, besteht ferner in den USA[373]) und in Belgien[374]). Im letzten Falle erstreckt sich nach Ansicht von Smeesters-Winkel-

---

[369]) Lord Justice Denning in *Anglo-Saxon Petroleum Company, Ltd. v. Adamastos Shipping Company, Ltd.* [1957] Ll. L. Rep., S. 271 (277) — (Court of Appeal): „When a Paramount Clause is incorporated into a contract, the purpose is to give the Hague Rules contractual force; so that, although the bill of lading may contain very wide exceptions, the Rules are paramount and make the shipowners liable for want of due diligence to make the ship seaworthy and so forth." Vgl. ferner Poulson/Gram in C. M. I. Doc. Con. 6 (Norwegen) S. 2.

[370]) Vgl. oben S. 36.

[371]) „Every bill of lading ... issued in Palestine which contains or is evidence of any contract to which the Rules apply shall contain an express statement that it is to have effect subject to the provision of the said Rules as applied by this Ordinance and shall be deemed to have effect subject thereto, notwithstanding the omission of such express statement." Vgl. hierzu „The Torni" [1932] P. 78 und oben S. 35.

[372]) Den gleichen Effekt wie Israel erreichen Australien, Nauru und die Fidschi-Inseln durch die Besonderheit der sect. 9 bzw. 7 ihrer IÜ-Gesetze. (Vgl. oben S. 52 u. Anm. 196.)

[373]) Sect. 13 US-COGSA; PCn werden allerdings in einkommende Konnossemente mitunter freiwillig in der Absicht eingefügt, die Harter-Act zugunsten der COGSA auch für die Zeit nach der Ausladung der Güter auszuschalten. (Poor, S. 144 f.)

[374]) Art. 91, B Code de Commerce Belge.

molen die Verpflichtung auch auf Konnossemente des einkommenden Verkehrs[375]).

3. Rechtsfolgen der Mißachtung des Paramount-Gebotes

Welche Folgen es hat, wenn das gesetzliche Paramount-Verlangen von den Parteien eines Vertrages nicht befolgt wird, bestimmen ausdrücklich nur die neuseeländische COGSA und das portugiesische IÜ-Gesetz vom 1. 3. 1950. — In Neuseeland wird jeder Reeder, Charterer oder Kapitän mit einer Geldstrafe von £ 100 belegt, der es unterläßt, die PC in ein ausgehendes Konnossement aufzunehmen[376]). In Portugal[377]) werden drastisch alle Konnossemente ohne PC als nicht negoziabel behandelt.

In England war zunächst die Auffassung verbreitet, daß die Nichtbefolgung des gesetzgeberischen Gebotes das betreffende Konnossement „illegal" und damit nichtig mache. In der Rechtssprechung hatte diese Ansicht wiederholt ihre Bestätigung gefunden, wenngleich stets nur in Gestalt unverbindlicher „obiter dicta's"[378]).

Die Rechtslage ist geklärt durch die Entscheidung *Vita Food Products v. Unus Shipping*, in welcher Lord Wright[379]) ausführte, daß sect. 3 brit. COGSA nicht „obligatory" sondern nur „directory" sei. Das englische Schrifttum[380]) teilt diese Ansicht einhellig, mit Ausnahme Temperley's[381]). Konnossemente ohne PCn sind demnach in England und im englischen Commonwealth als gültig anzusehen.

---

[375]) A. a. O. S. 255. Diese Auffassung ist von der Rechtssprechung bislang nicht bestätigt worden. Sie erscheint unzutreffend, weil Belgien kraft „ordre public"-Gesetzes das IÜ ohnehin auf alle einkommenden Transporte anwendet und Jurisdiktionsklauseln nicht stattgibt, mithin eine sachliche Notwendigkeit, PCn zu verlangen, nicht besteht.

[376]) Sect. 9 (2) neuseel. COGSA, 1940; Wortlaut bei Astle, S. 291; Markianos, S. 260.

[377]) Art. 3 des portug. Gesetzes vom 1. 2. 50; Wortlaut (engl.) bei Astle, S. 200 ff. und (franz.) D. M. F. 1951, S. 102; Markianos, S. 265.

[378]) Vgl. L. J. Greer und L. J. Slesser in *„The Torni"* [1932] P. 78 (87 bzw. 90); ferner Bateson, J. in *„The St. Joseph"* [1933] P. 119 (132).

[379]) [1939] A. C. 277 (295) (Privy Council).

[380]) Carver, S. 175; Scrutton, S. 463 f. („The obligation ... is concerned primarily with the form of the bill of lading, not with the effect."); Colinvaux, S. 28; Graveson, S. 61; Ridley, S. 195; vgl. auch Katzenstein, S. 1514.

[381]) Obwohl Temperley in dem 1932 erschienenen Werk seine abweichende Auffassung sehr eingehend begründet (S. 84 ff.), hält auch er es bereits für denkbar, daß die zukünftige Rechtssprechung die gegenteilige Ansicht bestätigen könnte. Dies ist durch die „Vita Food"-Entscheidung des Jahres 1939 geschehen. — Als „a misdemeanour", also eine strafrechtliche Übertretung, bezeichnet Cole die Nichtbeachtung des Paramount-Gebotes (S. 33 f.).

In Belgien hat man sich dem englischen Standpunkt angeschlossen[382]). Die Meinungen in den Vereinigten Staaten sind kontrovers: Knauth[383]) befürwortet die Ansicht der englischen Lehre und das Ergebnis der „Vita Food“-Entscheidung. Gilmore-Black[384]) demgegenüber fordern zumindest für die Aussteller ausgehender Konnossemente ohne PC eine Strafe oder Sanktion, wenn die Weglassung vorsätzlich geschehen ist. Die Gerichte in den USA hatten noch keine Veranlassung, sich zu dieser Kontroverse zu äußern. Die Wahrscheinlichkeit ist größer, daß sie sich Knauth's Auffassung anschließen werden.

4. Vertraglich vereinbarte Paramount-Klauseln

Abgesehen von den gesetzlich geforderten PCn kommen die Parteien seefrachtrechtlicher Verträge mitunter auch auf freiwilliger Basis überein, das IÜ-Gesetz eines bestimmten Staates, manchmal auch alternativ die IÜ-Gesetze verschiedener Staaten oder das IÜ schlechthin in seinem Original-Wortlaut zum Bestandteil ihrer Vereinbarungen zu erheben[385]). Zutreffend werden auch derartige Absprachen als PCn bezeichnet[386]).

---

[382]) Smeesters-Winkelmolen II, S. 254.

[383]) Bill of Lading, S. 156 ff.: „Congress has not provided any penality for failure...“, ferner: Renvoi, S. 13. Mit Knauth einer Meinung ist Yiannopoulos, Conflict, S. 615 — insbes. Anm. 41.

[384]) S. 164 f.: „This is a feasible enterprise ... that hardly meets the need for a sanction.“

[385]) Sauvage, S. 132: „La clause Paramount peut donc avoir pour effet de rendre la Convention de Bruxelles applicable à l'égard d'un chargeur ou d'un armateur qui ne sont pas ressortissants de l'un des Etats signataires.“

[386]) Nicht der Kategorie der PC sind allerdings die in Frankreich üblichen, in ihrer Entstehung auf die fehlende Abgrenzung der Anwendungsbereiche des IÜ's und des Gesetzes vom 2. 4. 1936 zurückzuführenden „Alternativ-Klauseln“, denenzufolge die eine oder andere Vorschriftengruppe in den zwingenden Grenzen ihres Geltungskreises angewendet werden soll. (Vgl. z. B. Cour d'Appel de Rouen, Urt. v. 12. 2. 53 — D. M. F. 1953, S. 677. Das Gericht hatte folgende Klausel zu interpretieren: „Le présent contrat est régi par la loi du 2 avril 1936 ou par la convention internationale du 25 août 1924, mais seulement dans les cas et limites où ces loi convention sont obligatoires pour les parties et, en outre, par les conditions et stipulations suivantes. Dans le cas où l'une de ces conditions ou stipulations serait prohibée en tout ou en partie par la législation applicable, elle serait, mais dans cette mesure seulement, considérée comme non écrite.“

Typische PCn werden in Frankreich gesetzlich nicht gefordert und sind auch — frei vereinbart — relativ selten anzutreffen. (Vgl. Ripert II, S. 264 f.; Guyon, S. 205.)

5. Wirkung der Paramount-Klausel

Die PCn werden in anderen Staaten als den Ausstellungsländern nur dann beachtet, wenn keine zwingenden Regeln der lex fori — auch solche kollisionsrechtlicher Natur — mit Vorrang anzuwenden sind.

Vorrangig sind z. B. die IÜ-Gesetze derjenigen VSten, die ihre HR auch auf einkommende Transporte anwenden, ferner die IÜ-Bestimmungen in den Ländern mit Vorbehalten zugunsten der heimischen Gesetze[387]). Keine Aussicht beachtet zu werden haben PCn ferner in solchen NVSten, die auf Seefrachtverträge zwingend das Recht des Bestimmungshafens (Erfüllungsortes) anwenden[388]).

Je nach Lage des Falles können beide Arten von Klauseln, gesetzlich geforderte und auch vertraglich vereinbarte, unterschiedliche Wirkungen zeitigen:

1. Sofern im Ausstellungsland oder — dies trifft nur auf die Staaten der Gruppe des amerikanischen Systems[389]) zu — im Bestimmungsland judiziert wird, haben PCn keine[390]) oder nur deklaratorische[391]) Bedeutung. Das Gericht wendet sein nationales IÜ-Recht trotzdem bzw. ohnehin an[392]).

2. Ist der Gerichtsstaat kein VSt, oder ist sein IÜ-Recht nur auf ausgehende Konnossemente zwingend anzuwenden, so hat die PC — sofern sie berücksichtigt wird — den Effekt einer sog. materiell-rechtlichen Verweisung bzw. Teilverweisung[393]) oder — wenn andere Umstände die von den Parteien gewollte Rechtsordnung nicht abweichend indizieren — sogar die Wirkung einer Rechtswahlklausel[394])[395]).

---

[387]) Australien, Nauru, Fidschi-Inseln — vgl. oben S. 52 Anm. 196.

[388]) Dies trifft vor allem auf die südamerikanischen Staaten Argentinien, Brasilien, Paraguay und Uruguay zu. — Vgl. Rabel III, S. 255 f. und 261; ferner Astle, S. 311 ff.

[389]) Vgl. oben S. 28 f.

[390]) Wenn sie auf das IÜ-Gesetz eines anderen Staates verweisen.

[391]) Wenn sie auf das IÜ-Gesetz des Gerichtsstaates verweisen.

[392]) Vgl. Sprague and Healy, S. 374.

[393]) England: *Varnish v. Kheti (Owners) P. C.* [1949] Ll. L. Rep. 525 (Transport von Alexandria nach London, [brit. COGSA.]) — Pilcher J. (S. 527): „The bill of lading was as a matter of contract only, subject to the terms and conditions of the COGSA ..."); vgl. ferner Wolfson, S. 513; Dicey, S. 728 f., Scrutton, S. 545. U. S. A.: *„South Star"* 1953 A. M. C. 1304 (S. D. N. Y.); *„The Steel Inventor"* 1941 A. M. C. 169 (DMd.); *„The Edmund Fanning"* 1952 A. M. C. 1147 (S. D. N. Y.)

[394]) Hans.OLG Hamburg, Urt. v. 1. 7. 58, Az. U. 287/1957 (unveröffentlicht).

[395]) Unrichtig und irreführend ist es hingegen, wenn — wie es in den Konnossementen der Reedereien mitunter geschieht — gewöhnliche Rechtswahlklauseln als PCn bezeichnet werden. Für die PC ist typisch, daß sie jeweils nur

Eine der Besonderheiten der PC liegt darin, daß sie mit einer echten Rechtswahlklausel durchaus verträglich ist. Es braucht also nicht das Recht des Landes, auf dessen IÜ verwiesen wird, zugleich Schuldstatut zu sein.

6. Britisches Gold-Clause Agreement

In den Grenzen der Geltung, die sich das British Maritime Law Association Agreement vom 1. 8. 1950 (sog. Gold-Clause Agreement)[396]) selbst gegeben hat[397]), hat die PC jegliche Bedeutung verloren. In dem Abkommen haben sich die Unterzeichner verpflichtet, von Konnossementsklauseln, die die britische Gerichtsbarkeit ausschließen oder außerbritische Arbitrage vorsehen, keinen Gebrauch zu machen und darüber hinaus die in dem Agreement fixierten Haftungsbeträge auch dann zu befolgen, wenn eine ansonsten maßgebende IÜ-Gesetzgebung eine Haftung geringeren Umfangs vorsieht[398]).

7. Abschaffung der Paramount-Klausel

Die PC, mag sie auch — insbesondere in früherer Zeit — der Sache des IÜ's oftmals dienlich gewesen sein, hat zumal in ihrer Vielgestaltigkeit und in Anbetracht der verbreiteten Unkenntnis über ihre oft unterschiedliche Zweckbestimmung in der internationalen Rechtspraxis viel Unsicherheit und Unruhe gestiftet[399]). Sie wird auch fernerhin — wie Stödter[400]) sagt, „die Gefahr von Unklarheiten über Sach- und Rechtslage, von Meinungsverschiedenheiten und Streitigkeiten heraufbeschwören."

Es verwundert daher nicht, daß der Gedanke, die Einrichtung der PC abzuschaffen, bereits laut geworden ist. — Es ist selbstverständlich, daß die PC jede Funktion verlieren würde, wenn es gelänge, dem IÜ welt-

---

partiell auf eine bestimmte nationale Rechtsordnung oder eine internationale Regelung verweist.

[396]) Wortlaut bei Colinvaux, S. 188, Carver, S. 1078, vgl. auch S. 169 Anm. 9; siehe ferner unten S. 111 f.

[397]) Art. 1 des Agreements.

[398]) Art. 3 des Agreements.

[399]) Ein treffendes Beispiel hierfür ist die englische Entscheidung *Anglo-Saxon Petroleum Company Ltd. v. Adamastos Shipping Company* Ltd. Ll. L. Rep. 1958 (1) 73 (House of Lords); Vorinstanz: Ll. L. Rep. 1957, 271 (Court of Appeal), in welcher Sinn und Zweck von PCn in Charter-Partien erörtert wird; vgl. hierzu „Report of the Subcommitee" der Baltic und International Maritime Conference (Monthly Circular 1960, S. 8201 ff. mit Anm. von Dreyer (a. a. O. S. 8207); ferner Necker, Paramount-Klausel, S. 1810 ff.

[400]) Konnossementsklauseln, S. 72.

weite Zustimmung zu verschaffen und darüber hinaus die Abweichungen, die die verschiedenen IÜ-Gesetze untereinander aufweisen, zu beseitigen. Es sind aber auch manche der Vorstellungen, die seinerzeit dazu veranlaßten, das Institut der PC zu schaffen, mittlerweile hinfällig geworden. So muß z. B. der Gedanke als antiquiert angesehen werden, der Reeder könnte danach trachten, sich von den „Fesseln des IÜ's" zu befreien und nur die PC könnte dem Einhalt gebieten. Wie die Praxis solchen überholten Erwägungen gegenüber wirklich aussieht, zeigt besonders eindringlich eine Bemerkung Annar Poulsen's und Per Gram's[401]):

„We believe these apprehensions to be past history. Today the shipowners and their P. & I. insurers are prepared and indeed prefer to secure the standardization and limitation of liability offered by the Hague Rules. They prefer not to have to include in their Bills of Lading the various clauses to lessen or limit liability, clauses which are at the same time long, rather unreliable and more capable of being construed against the shipowner the wider they are. But if the Hague Rules in one form or another are not applicable to or incorporated in the contract, such clause must be kept in the Bills of Lading so that the liability shall not be more strict than under the Hague Rules. It is true that in the geographical holes in the system of applicability of the convention, the shipowners are free to contract out of liability to a higher degree than permitted by the Rules. But the shipowners gladly sacrifice these occasional loopholes on the alter of standardization. That this is so, at any rate in the main international trades, is demonstrated by the frequent contractual adoption of the Hague Rules by general paramount clauses."

Der Gedanke der Abschaffung der PC sollte daher bei allen Reformbestrebungen im Auge behalten werden. Er kann und sollte schon verwirklicht werden, bevor das Fernziel der absoluten Rechtsvereinheitlichung erreicht ist[402]).

---

[401]) C. M. I. Doc. Con. 6 (Norwegen).

[402]) Der Vorschlag von Knauth, (B/L S. 161), die IÜ-Gesetze sollten das PC-Erfordernis fallen lassen und stattdessen die PC statuarisch als Vertragsbestandteil fingieren („the B/L shall be deemed to refer to ... the COGSA"), ist nicht realisierbar, weil nicht jeder Gerichtsstaat die zwingenden Vorschriften der lex loci contractus beachtet und befolgt.

Fünfter Teil

REFORM DES IÜ's

I. Gegenwärtige Gesamtlage

Die Ergebnisse der voraufgegangenen Untersuchungen lassen erkennen, daß der Anwendungsmechanismus des IÜ's, so wie er sich in den VSten entwickelt hat, unterschiedlich ist und die Anwendungspraxis im gesamten Einflußgebiet des IÜ's daher unsystematisch und ungeordnet ist. Dieses Resultat ist in erster Linie darauf zurückzuführen, daß es den VSten auf Grund der Anpassungsklausel erlaubt ist, das IÜ-Recht innerhalb ihrer Landesgrenzen — wenn auch am Inhalt des IÜ's orientiert — weitgehend nach eigenem Gutdünken zu gestalten. Bei der Bestimmung des Anwendungsbereiches ist von dieser Befugnis um so mehr Gebrauch gemacht worden, als das IÜ eine klare und vor allem vollständige Richtlinie vermissen läßt.

Ob in den VSten das IÜ selbst oder ein Anpassungsgesetz gilt, in keinem Fall konnte Art. X den VSten hinsichtlich des Anwendungsbereiches die Führung geben, derer sie natürlicherweise bedurften. Bei der Bestimmung desselben haben sich die Gesetzgeber und Gerichte in den VSten daher vorwiegend von den praktischen und rechtspolitischen Interessen ihres Landes leiten lassen und waren erst in zweiter Linie der Tatsache eingedenk, daß das Vorhaben der internationalen Rechtsvereinheitlichung nur als Gemeinschaftsaufgabe der beteiligten Nationen bewältigt werden kann.

Das Bewußtsein, an einer internationalen Absprache beteiligt zu sein, hat sich vor allem in denjenigen Ländern verloren, die damit, daß sie ihr nationales Recht den Regeln des IÜ's anpaßten, ihre aus dem IÜ resultierende Vertragspflicht bereits als erfüllt ansehen. Angesichts dieser Entwicklung ist es nicht einmal mehr ganz folgerichtig, von dem Geltungsbereich des IÜ's zu sprechen; sind es doch überwiegend die nationalen IÜ-Gesetze und nicht mehr die Konvention selbst, die die Beziehungen der Parteien von Seefrachtverträgen beherrschen.

Es verwundert daher nicht, daß die Anpassung an Art. X häufig zu einer sicherlich den Sinn des IÜ's verfälschenden Einengung des Anwendungsbereichs geführt hat, indem viele VSten die Geltung ihrer IÜ-Gesetze auf die innerhalb ihrer Landesgrenzen ausgestellten Konnossemente beschränkt haben. Demgegenüber wollten die Verfasser der Konvention — soviel geht jedenfalls aus Art. X mit Klarheit hervor — das IÜ-Recht auf jegliche in irgendeinem VSt ausgestellten Frachtdokument angewendet wissen. Jeder VSt sollte also auch die im Territorium eines seiner Vertragspartner ausgestellten Konnossemente nach IÜ-Grundsätzen behandeln.

Tatsächlich gilt das IÜ also heute in manchen Staaten als unmittelbar wirkendes Konventionsrecht, als internationales Privatrecht in des Ausdrucks wahrer Bedeutung, dagegen in anderen Staaten als vom IÜ abgeleitetes, aber jeder weiteren Verbindung zur Konvention beraubtes nationales Recht, zwangsläufig aufgesogen und abhängig von der Rechtsordnung, der es einverleibt ist. In einer weiteren Gruppe von Staaten schließlich wird das IÜ teils als nationales, teils als internationales Recht angewendet.

Ebenso unterschiedlich ist der Rang, der dem IÜ-Recht in den verschiedenen VSten zuerkannt ist. Während man sich in einzelnen Staaten darauf beschränkt hat, dem IÜ-Recht nur obligatorischen Charakter zuzubilligen, es also der international-privatrechtlichen Parteiautonomie gegenüber nachgiebig zu gestalten, haben andere Länder den IÜ-Bestimmungen partielle (z. B. nur für ausgehende Transporte) oder absolute (für sämtliche Transporte) „ordre public"-Qualität gegeben, es also so beschaffen gemacht, daß es in den Grenzen seiner „ordre public"-Eigenschaft sowohl der Vertragsfreiheit als auch der Rechtswahl der Parteien vorgeht. — Die Rechtsvereinheitlichung bleibt aber lückenhaft, solange nicht in sämtlichen VSten das IÜ-Recht in allen Transportfällen — zumindest solchen mit internationalem Einschlag — unabdingbar gilt, seiner Anwendung also nicht durch Stipulation des anwendbaren Rechts oder eines IÜ-fremden Gerichtsstandes beabsichtigt oder ungewollt entgangen werden kann.

In der bisherigen Praxis hat vereinzelt sogar die Intoleranz von VSten dem IÜ-Recht eines anderen VStes gegenüber im Ergebnis dazu geführt, daß das IÜ-Recht überhaupt nicht angewendet wurde. Unbefriedigend war manchmal ferner die Zufälligkeit, die bei der Anwendung des IÜ's mitspielte: Hing es nach den Anwendungsbestimmungen mancher VSten doch lediglich von der Fahrtrichtung des Schiffes oder sogar davon ab, ob das Konnossement an Bord des Schiffes oder auf der Pier gezeichnet wurde, ob das IÜ zum Zuge kam oder nicht. Derartige Ergebnisse der Unduldsamkeit und des Zufalls wären ausgeschlossen, wenn der „ordre public"-Charakter der Regeln von allen Nationen uneingeschränkt anerkannt werden würde.

Weder die Schöpfer des IÜ's noch die VSten haben es allerdings zu verantworten, wenn sich zwar schon ein beachtlich großer Teil der Welttonnage, dennoch aber nicht alle bedeutenden handeltreibenden Nationen dem IÜ angeschlossen haben. Diese Lücken des Geltungsbereiches zu schließen bedarf es freilich anderer Maßnahmen als einer Reform des Konventionstextes.

II. Notwendigkeit der Reform

Aus alledem ergibt sich, daß eine Neuregelung des Anwendungsbereiches, die auch im Schrifttum wiederholt als wünschenswert bezeichnet wurde[403]), durchgeführt werden sollte. Art. X steht — wie ausgeführt[404]) — noch im Einklang mit der ursprünglichen Konzeption der Verfasser des IÜ's, die sich ohne Ausnahme ein einheitliches, in allen handeltreibenden Nationen gleichlautendes Gesetz erhofften. Ihnen konnte es daher genügen, daß die VSten sich verpflichteten, das IÜ — nicht eine nationale Version desselben — auf alle in einem VSt (nicht nur im Gerichtsstaat selbst) ausgestellten Konnossemente anzuwenden. Historisch und in weiterem Sinne gesehen ist Art. X eine Vorschrift, die auch den Anwendungsbereich des IÜ's berührt. Ihr Inhalt ist inzwischen durch die Rechtsentwicklung überholt; sie ist daher reformbedürftig.

Art. XIV IÜ[405]) erlaubt den VSten, das IÜ, wenn dies erforderlich erscheint, abzuändern. Die XXIV. Vollversammlung des Comité Maritime International hat im Herbst 1959 in Rijeka bereits die Arbeiten an dem Entwurf eines neugefaßten Art. X IÜ abgeschlossen, der zu seinem Inkrafttreten noch der Zustimmung einer nach Brüssel einzuberufenden diplomatischen Seerechtskonferenz bedarf.

Bevor geprüft wird, ob der Entwurfstext unter Berücksichtigung der Ergebnisse der Untersuchungen im 4. Teil dieser Abhandlung geeignet erscheint, den Schwierigkeiten der internationalen seerechtlichen Praxis abzuhelfen, erscheint eine Orientierung über diejenigen Regelungen angebracht, die in anderen, vergleichbaren internationalen Übereinkommen in bezug auf den Anwendungsbereich getroffen worden sind.

III. Geltungsbereich vergleichbarer internationaler Konventionen

Zu einer Gegenüberstellung geeignet sind das „Abkommen zur Vereinheitlichung von Regeln über die Befördeung im internationalen Luft-

---

403) Devlin, S. 17; Sauvage, S. 131; Morris, Choice of Law, S. 184; Wolfson, S. 532; de Juglart Anm. z. Urt. v. Cour de Cassation v. 10. 11. 59 (D. M. F. 1960, S. 141); vgl. auch Graveson, Bills of Lading, S. 66.

404) Vgl. oben S. 18 f.

405) Art. XIV Abs. 1 IÜ: „Jeder VSt kann den Zusammentritt einer neuen Konferenz veranlassen, um etwaige Verbesserungen des IÜ's herbeizuführen."

verkehr", unterzeichnet in Warschau am 12. Oktober 1929[406]) (sog. Warschauer Abkommen) in der Fassung des in Den Haag am 28. 9. 1955 unterzeichneten Änderungsprotokolls[407]) und ferner der Entwurf eines „Internationalen Übereinkommens zur einheitlichen Feststellung von Regeln bezüglich des Transportes von Schiffspassagieren[408]).

1. Warschauer Abkommen über die Luftbeförderung

Das Warschauer Abkommen (im weiteren abgekürzt WA) regelt — wie schon sein Titel erkennen läßt — nur den internationalen Luftverkehr[409]). Es befaßt sich sowohl mit dem Transport von Fluggästen als auch mit der Beförderung von Luftfracht.

Als „international" gilt zufolge Art. I Abs. 2 WA (in der Fassung des Zusatzprotokolls) jede Beförderung, wenn die vertraglich vorgesehenen Abgangs- und Bestimmungsorte in zwei verschiedenen VSten liegen oder — sofern sie im selben VSt liegen — eine Zwischenlandung des Flugzeugs in einem anderen Staate (nicht notwendig ein VSt) vorgesehen ist. Das WA schafft in allen seinen VSten ein unabdingbares, einheitliches materielles Recht, eine internationale Vereinheitlichung der Sachnormen[410]).

Das Abkommen läßt in den Grenzen seiner sachlichen Zuständigkeit keinen Raum für international-privatrechtliche Parteiautonomie[411]). Im übrigen ist in den VSten — im Gegensatz zum IÜ — eine nur sinn-

---

[406]) RGBl. 1933 II S. 1039.

[407]) BGBl. 1958 II S. 291 ff. Die Neufassung des Abkommens (a. a. O. S. 312 ff.), die zufolge Art. XXII des Haager Protokolls 30 Ratifikationen erfordert, ist noch nicht in Kraft getreten.

[408]) Wortlaut in „Conventions de Bruxelles 1957", S. 31 ff. — Der Entwurf ist — auf der Basis des 1955 entstandenen sog. Madrider Vorentwurfs — im Verlauf der Diplomatischen Seerechtskonferenz 1957 geschaffen, jedoch noch nicht zur Zeichnung aufgelegt worden. Er wird erneut gelegentlich der Diplomatischen Seerechtskonferenz im Frühjahr 1961 erörtert und möglicherweise den dort vertretenen Nationen zur Zeichnung empfohlen werden.

[409]) Für den nationalen Luftverkehr gilt in Deutschland das Luftverkehrsgesetz vom 21. 8. 1936 (RGBl. 1936 Teil I S. 635 ff.). Ein die zwischenzeitlich durchgeführten Änderungen berücksichtigender Abdruck findet sich bei Wegerdt-Reuss, S. 28 ff.

[410]) Riese, S. 277 f.

[411]) Art. 32 WA: „Alle Bestimmungen des Beförderungsvertrags und alle vor Eintritt des Schadens getroffenen besonderen Vereinbarungen, worin die Parteien durch Bestimmung des anzuwendenden Rechts oder durch Änderung der Vorschriften über die Zuständigkeit von diesem Abkommen abweichende Regeln festsetzen, sind nichtig. Im Falle der Beförderung von Gütern sind jedoch Schiedsklauseln im Rahmen dieses Abkommens zulässig, wenn das Verfahren im Bezirk eines der im Artikel 28 Abs. 1 bezeichneten Gerichte stattfinden soll."

gemäße Einarbeitung des WA's in das nationale Recht nicht erlaubt. Das WA gilt also in allen VSten unmittelbar[412]). —

Schadensersatzklagen *müssen* im Gebiet eines VStes erhoben werden, und zwar nach Wahl des Klägers entweder am Orte des Wohnsitzes oder am Orte der Hauptniederlassung des Luftfrachtführers, durch die der Beförderungsvertrag abgeschlossen worden ist, oder bei dem Gericht des Bestimmungsortes[413]).

2. Entwurf eines Haftungsabkommens für die Passagierbeförderung zur See

Der Brüsseler Entwurf eines Passagierhaftungsabkommens (im folgenden bezeichnet: Passagierhaftungsentwurf) folgt im Gegensatz zum Madrider Vorentwurf, der an das IÜ angelehnt war, weitgehend dem Vorbild des WA's.

Seine Anwendung soll ebenfalls nur im Falle internationaler Reisen in Betracht kommen. Als international wird jede Beförderung dann angesehen werden, wenn der vertragsgemäße Abreise- und Bestimmungsort in zwei verschiedenen Staaten liegen, die — im Gegensatz zum WA — nicht einmal VSten zu sein brauchen[414]). In der Gleichstellung der Rundreise internationalen Charakters folgt der Entwurf ebenfalls dem Beispiel des Art. 1 Abs. 2 WA[415]).

Im Gegensatz zum WA, das für jede — entgeltliche — internationale Beförderung (von Personen, Reisegepäck oder Gütern) maßgebend ist[416]), soll das Passagierhaftungsabkommen nur unter der Voraussetzung gelten,

---

[412]) Abraham Luftrecht, S. 252.

[413]) Art. 28 WA: „(1) Die Klage auf Schadensersatz muß in dem Gebiet eines der Hohen Vertragschließenden Teile erhoben werden, und zwar nach Wahl des Klägers entweder bei dem Gericht des Ortes, wo der Luftfrachtführer seinen Wohnsitz hat oder wo sich seine Hauptbetriebsleitung oder diejenige seiner Geschäftsstellen befindet, durch die der Vertrag abgeschlossen worden ist, oder bei dem Gericht des Bestimmungsortes. (2) Das Verfahren richtet sich nach den Gesetzen des angerufenen Gerichtes."

[414]) Art. 1 (f) des Entwurfs: „international carriage" means all carriage of which the place of departure and the place of destination, according to the agreements of the parties, are situated either in two different States or in the same State, provided that in the latter case the ship calls at a port situated in another State."

[415]) Die Formulierung des Entwurfs — (s. Anm. 414) erscheint in diesem Punkte mißglückt, weil bei wörtlicher Interpretation auch der Transport eines Passagiers von Hamburg nach Bremen dem zukünftigen Abkommen unterfallen würde, wenn das die Beförderung ausführende Schiff anschließend einen ausländischen Hafen anläuft.

[416]) Art. 1 (1) WA.

daß entweder das befördernde Schiff die Flagge eines VStes führt oder der vertraglich vorgesehene Abgangs- oder Bestimmungsort in einem VSt gelegen ist. Der Anwendungsbereich des Passagierhaftungsentwurfs ist im Ergebnis dennoch weiter als derjenige des WA's.

Beide Abkommen finden also — unbeachtlich der Nationalität bzw. des Registerortes des Beförderungsmittels — auf alle Transporte zwischen VSten Anwendung. Das zukünftige Passagierhaftungsabkommen soll darüberhinaus im Verkehr zwischen einem VSt und einem NVSt und ferner immer dann gelten, wenn die Beförderung von einem die Flagge eines VStes führenden Schiffes ausgeführt wird. Unter der letzteren Voraussetzung wird es also auch für Reisen zwischen NVSten gelten.

Gerichtsstands- oder Schiedsgerichts-Vereinbarungen in den Beförderungsverträgen sollen zufolge des derzeitigen Standes des Entwurfes eines Passagierhaftungsabkommens null und nichtig sein. In dem Entwurf fehlt indessen noch ein Katalog der zulässigen Gerichtsstände, wie ihn das WA in Art. 28 WA enthält. Eine entsprechende Ergänzung ist auch für das kommende Passagierhaftungs-Abkommen unerläßlich.

IV. Arbeiten des CMI zur Neufassung von Art. X IÜ

1. Vorschlag des „International Subcommittee on Conflict of Laws"

Mit der Vorbereitung der Reform des Art. X IÜ hatte das CMI einen Unterausschuß[417]) beauftragt, der im Frühjahr 1959 in Antwerpen das Problem studierte. Die Ergebnisse der Ausschußarbeiten sind in einem „Report" zusammengefaßt[418]), in welchem vorgeschlagen wird, Art. X folgende Neufassung zu geben[419]):

> „The provisions of the Convention shall apply, whatever the nationality of the vessel, the shipper, the carrier or the person entitled to delivery: —
>
> a) to every Bill of Lading evidencing a carriage of goods when the port of destination thereof is situated in a contracting State. For this purpose, the port of destination is the one shown in the Bill of Lading or, if not, the port where the goods are actually discharged;

[417]) Das CMI hatte zunächst gemeint, die unterschiedliche Praxis bei der Anwendung des IÜ's durch die Schaffung einheitlicher Kollisionsnormen mildern und auf lange Sicht beseitigen zu können (vgl. unten S. 109 f.). Zu diesem Zwecke hatte sich bereits ein „International Subcommittee on Conflict of Laws" konstituiert. Dieser Unterausschuß war es, dem nunmehr die Aufgabe zufiel, Art. X zu reformieren.

[418]) CMI-Conference of Rijeka, S. 134 ff.; ferner: CMI-Preliminary Reports 1959, S. 68 ff.

[419]) A. d. a. Oen S. 137 bzw. 74/75.

b) to every Bill of Lading issued in a contracting State, even if neither the port of departure or of destination of the goods is situated in a contracting State."

2. Vorbereitende Arbeiten der XXIV. CMI-Vollkonferenz, Rijeka 1959

Das Ergebnis des Unterausschusses wurde alsdann im Plenum der XXIV. CMI-Vollkonferenz diskutiert, die im Herbst 1959 in Rijeka abgehalten wurde[420]).

a) Bei dieser Gelegenheit wurde von seiten der amerikanischen Delegation ein abweichender Reformvorschlag eingebracht, demzufolge Art. X folgende Fassung erhalten sollte[421]):

„The provisions of this Convention shall apply to every bill of lading issued in respect of any shipment to or from any of the Contracting States whatever may be the law governing such bill of lading and whatever may be the nationality of the ship, the carrier, the shipper, the consignee or any other person interested in the goods."

b) Das Plenum billigte nach Abschluß seiner Beratungen die Anregung seines Präsidenten Lilar, ein Redaktionskomitee zu bilden[422]), das der Vollversammlung schließlich folgenden Entwurf zur Beschlußfassung unterbreitete:

„The provisions of this Convention shall apply to every Bill of Lading for carriage of goods from one State to another when the port of loading, the port of discharge or one of the optional ports of discharge is in a Contracting State, whatever may be the law governing such Bill of Lading and whatever may be the nationality of the ship, the carrier, the shipper, the consignee or any other interested person."

c) Über die auf französische Initiative eingefügten Worte „from one State to another" wurde separat abgestimmt.

Der Vorschlag des Redaktionsausschusses wurde mit 19 Stimmen bei zwei Enthaltungen[423]) angenommen. Gegen die französische Einfügung stimmten 6 Staaten[424]), zwei Delegationen enthielten sich der Stimme[425]).

---

420) Plenary Session, 25th September, 1959, vgl. CMI-Conference of Rijeka, S. 365 ff.

421) A. a. O. S. 370.

422) Dem Komitee gehörten folgende Delegierte an: Pineus (Schweden — zugleich Chairman des Subcommittees); Moore (USA); Honour (England); Govare (Frankreich); van Ryn (Belgien); Loeff (Holland).

423) Finnland, Griechenland.

424) Belgien, Niederlande, Jugoslawien, Türkei, Schweiz, Polen.

425) Finnland, Israel.

3. „Rijeka-Formel"

a) Sowohl in den Beratungen des Unterausschusses als auch während der Diskussion im Plenum kam wiederholt zum Ausdruck, daß angestrebt werden sollte, nicht nur den Geltungsbereich des IÜ's durch Neugestaltung des Art. X eindeutig zu kennzeichnen, sondern daß es ebenso darauf ankomme, die Grenzen der Geltung soweit wie möglich auszudehnen. Eine entsprechende Tendenz ist typisch für alle drei Vorschläge.

Mit Recht hat sich die CMI-Vollversammlung für die Formulierung des Redaktionskomitees entschieden, weil sie — von einem zu erörternden Ergänzungserfordernis abgesehen — als die nach Lage der Dinge günstigste Lösung angesehen werden muß.

Im Einklang mit dem amerikanischen Vorschlag — aber teilweise im Gegensatz zu dem vom Subcommittee erarbeiteten System — knüpft der Entwurf des Redaktionskomitees (im folgenden „Rijeka-Formel" genannt) nicht länger an den Ort der Ausstellung der Konnossemente an. Künftig soll vielmehr das IÜ grundsätzlich immer dann angewendet werden, wenn der Abgangs- oder Bestimmungshafen zum Gebiet eines VStes gehört. Insoweit besteht Konformität mit dem Passagierhaftungsentwurf. — Theoretisch kann sogar ein Transport zwischen NVSten dem IÜ unterfallen, nämlich dann, wenn der Verlader sich mehrere „optional ports" ausbedungen hat, von denen wenigstens einer im VSt liegt, nicht jedoch derjenige, der effektiv angelaufen wird. Vom IÜ sollen also ganz allgemein nicht nur die Beförderungen erfaßt werden, die sich aus der Sicht des Gerichtsstaates als ein- oder ausgehende Transporte darstellen, sondern auch solche, die den VSt nicht berühren (also solche des sog. Cross-Trade), vorausgesetzt die Reise beginnt oder endet in einem VSt. Diese im Vergleich zum Passagierhaftungsentwurf und noch mehr zum WA erweiterte Ausdehnung des Wirkungsfeldes des IÜ's ist zu begrüßen.

Besondere Bedeutung kommt dem Halbsatz „whatever may be the law governing such Bill of Lading" zu[426]). Es ist mit diesen Worten klargestellt, daß die international-privatrechtliche Parteiautonomie im Anwendungsbereich des IÜ's als ausgeschlossen zu gelten hat oder — anders ausgedrückt — daß das IÜ-Recht in den VSten „ordre public"-Charakter haben soll[427]).

---

[426]) Man könnte diesen Passus als „lex Vita Food" bezeichnen, weil, wie sich auch ohne namentliche Erwähnung aus den Ausführungen der Delegierten Moore (USA) und Honour (England) — a. a. O. S. 370 und 377 — ergibt, die Privy Council-Entscheidung als Motiv für diese Einfügung angesehen werden muß.

[427]) Damit ist zugleich der Forderung entsprochen, die vor allem Morris, Choice of Law, S. 184, und Cook, S. 426, schon vor längerer Zeit erhoben hatten.

Gegen die französischer Initiative zuzuschreibende Einfügung „from one State to another State" wandte sich in Rijeka der belgische Professor van Ryn[428]). Sein Bedenken war, daß entgegen der allgemein als wünschenswert empfundenen Tendenz, die Geltung des IÜ's auszudehnen, die Annahme der französischen Anregung zu einem Rückschritt führen würde. Denn das IÜ selbst machte keinen Unterschied zwischen nationalen und internationalen Transporten, und was den nationalen Küstenverkehr anbeträfe, enthielte das Zeichnungsprotokoll zum IÜ einen Vorbehalt zugunsten solcher VSten, die das Recht dieses Schiffahrtszweiges abweichend regeln wollten.

Die Kritik van Ryn's ist nicht unberechtigt. Bereits im Verlaufe der Verhandlungen des Brüsseler Subcommittee's 1923 wurde deutlich, daß unterschiedslos alle Transporte den Regeln des IÜ's unterfallen sollten[429]).

Das Prinzip galt, zwar weitgehend entwertet, auch nach der Entstehung des Zeichnungsprotokolls fort. In Anbetracht der praktischen Schwierigkeiten, die die französische Jurisprudenz und diejenige einiger anderer Staaten durch die unglückliche innerstaatliche Gesetzeskonkurrenz haben[430]), erscheint der französische Wunsch verständlich. Er belastet auch diejenigen Vertragsstaaten nicht, die — wie z. B. Deutschland — kein unterschiedliches Recht für nationale und internationale Transporte vorgesehen haben. Sollte der Entwurf Konventionskraft erlangen, wäre auch zukünftig kein Staat daran gehindert, seine einheitliche Gesetzgebung aufzuheben oder — im Gegenteil — seine Absicht, das unterschiedliche Recht in beiden Transportbereichen zu harmonisieren, fallenzulassen. Hinzu kommt, daß das WA für den Luftverkehr und ferner der Entwurf eines Passagierhaftungsabkommens sich ebenfalls nur auf internationale Beförderungen beziehen, das IÜ sich insofern also diesen Regelungen zukünftig anpassen würde. — Die Beschränkung des Anwendungsbereiches des IÜ's auf internationale Transporte würde allerdings die Ziff. 2 des Zeichnungsprotokolls zum IÜ überflüssig machen. Sie sollte daher gestrichen werden.

Ebenfalls für die überwiegende Zahl der VSten ohne Interesse und für Länder wie Frankreich und Italien von großer praktischer Bedeutung ist der letzte Halbsatz der Rijeka-Formel: „whatever may be the nationality of the ship, the carrier, the shipper, the consignee or any other interested person." Ihr Zweck ist klarzustellen, daß internationale Transporte sich von solchen nationaler Art nur durch das — objektive — Kriterium des Reiseweges unterscheiden, es auf die Nationalität der beteiligten Personen

---

[428]) A. a. O. S. 386 ff.

[429]) Vgl. oben S. 7.

[430]) Zur Situation in Frankreich vgl. die Ausführungen oben, S. 73.

und Schiffe daher überhaupt nicht ankommt. Die Kontroverse hierüber in Frankreich[431]) würde hiermit gegenstandslos werden.

b) Ein Vergleich der Rijeka-Formel mit den entsprechenden Regelungen des WA's und des Passagierhaftungsentwurfs zeigt, daß im Wege der Neuformulierung der Art. X IÜ die Anwendungsbereiche dieser drei den Transport von Personen und/oder Gütern betreffenden Konventionen weitgehend angeglichen werden könnten, ein Umstand, der auch im Interesse der rechtsprechenden Instanzen in den VSten begrüßt werden sollte.

Die Rijeka-Formel enthält freilich *nicht* die „Rundreise-Klausel" des WA's und des Passagierhaftungsentwurfs. Eine solche wäre im Rahmen des IÜ's gegenstandslos, weil sie nur im Personenbeförderungsverkehr sinnvoll sein kann.

In der Rijeka-Formel ist ferner davon Abstand genommen worden, auch solche Transporte in den Anwendungsrahmen des IÜ's mit einzubeziehen, die — obwohl VSten nicht berührend — mit Schiffen unter der Flagge eines VStes ausgeführt werden[432]). Diese Besonderheit des Passagierhaftungsabkommens zu kopieren, erscheint überflüssig, ja sogar nicht ratsam. Denn einem Schiff eines VStes, welches sich im Verkehr zwischen VSten betätigt, muß aus Wettbewerbsgründen die Möglichkeit erhalten bleiben, dies zu den gleichen Bedingungen tun zu können wie die Konkurrenten unter der Flagge von NVSten.

c) Die Rijeka-Formel ist — so läßt sich zusammenfassend feststellen — das geeignete Instrument, diejenigen Schwierigkeiten und Hindernisse bei der praktischen Anwendung des IÜ's zu beseitigen, die als Folge der unklaren und unvollständigen Regelung des alten Art. X IÜ aufgetreten sind.

Ihre Wirkung ist allerdings insofern in Frage gestellt, als das IÜ im Gegensatz zum WA und zum Passagierhaftungsentwurf kein Verbot der Gerichtswahl, verbunden (beim WA) mit einem Katalog der zulässigen Gerichtsstände enthält. — Gerichtswahl ist im praktischen Ergebnis zumeist Rechtswahl, und so gesehen eröffnet sich hier den Parteien seefrachtrechtlicher Verträge weiterhin ein Ausweg aus dem Herrschaftsbereich des

---

431) Vgl. oben S. 77 ff.

432) Knauth, Renvoi, S. 13, sah offenbar in früherer Zeit in der Anknüpfung an die Flagge die ideale Methode, den Anwendungsbereich des IÜ's zu regeln: „The draftsmen ... rejected the opportunity to apply the Convention as law of the flag to all voyages performed anywhere by vessels of the flag of the ratifying states. At the outset this was doubtless too daring a hazard where competing ships of a non-ratifying flag could perhaps offer cheaper rates based on unregulated bills of lading ..." Ihm wird zugestimmt in einer anonymen „Note" in 58 Col. L. Rev., S. 214.

IÜ's, wenn die Gerichte vieler VSten fortfahren, Jurisdiktionsabreden in Konnossementen stattzugeben. Dies wäre um so bedauerlicher, als auch die in NVSten ansässigen Verfrachter es sich zukünftig gefallen lassen müssen, wenn in den in der Rijeka-Formel bezeichneten Transportfällen die Transportausführung von den Gerichten in den VSten nach Maßgabe des IÜ's beurteilt wird. Auch sie könnten dem sonst durch Inkorporierung einer Gerichtsstandklausel entgehen.

Die Formel zu ergänzen erscheint daher geboten. Eine solche Maßnahme würde sich nur dann erübrigen, wenn die VSten zukünftig in der Auffassung übereinstimmen könnten, daß Jurisdiktionsklauseln, sofern sie im Effekt zur Nichtanwendung des IÜ's führen, unvereinbar mit Art. III § 8 IÜ und daher als nichtig anzusehen sind.

Ob Art. X der geeignete Ort ist, dieses Problem mitzulösen, könnte insofern bezweifelt werden, als im WA und im Passagierhaftungsentwurf das Verbot der Gerichtsstandsvereinbarung und — beim WA — die Aufzählung der zulässigen Gerichtsstände nicht im Rahmen der Regelung des Anwendungsbereiches getroffen worden ist. Die Rijeka-Formel weicht von ihren Leitbildern aber bereits insofern ab, als sie in den Grenzen, in denen das IÜ Geltung beanspruchen kann, auch Rechtswahlklauseln der Parteien für unbeachtlich erklärt, so daß der Einbeziehung von Gerichtswahlen in dieses Verbot nichts im Wege stehen sollte.

d) Nicht alle bestehenden, den Anwendungsbereich des IÜ's betreffenden Schwierigkeiten wird die Neufassung des Art. X beseitigen können. Dies liegt allein daran, daß, nachdem die größte Zahl aller VSten das IÜ sinngemäß in das nationale Recht eingearbeitet hat, von einem Anwendungsbereich des IÜ's kaum noch die Rede sein kann, sondern nur noch von dem Geltungsbereich einer Vielzahl in Form und sogar Inhalt unterschiedlicher nationaler Gesetze. Die Rijeka-Klausel wäre zwar die ideale Anwendungsvorschrift für eine einheitlich geltende Konvention, nicht aber für sinngemäße nationalrechtliche Reproduktionen des IÜ's, einzeln und in ihrer Gesamtheit.

Auch ein umformulierter Art. X wird unter die Anpassungsklauseln des Zeichnungsprotokolls fallen, mit anderen Worten, die VSten brauchen seinen Inhalt nur sinngemäß in ihre nationalen Gesetze zu übertragen. Ihnen bleibt auch keine andere Wahl, denn in Art. X wird weiterhin von der „Konvention" die Rede sein, an deren Stelle in vielen VSten bereits das nationale IÜ-Gesetz getreten ist. Wird es den VSten aber ausnahmslos gelingen, den Sinn des Art. X vollständig zu transformieren, und auf diese Weise das Anwendungsprinzip der nationalen IÜ-Gesetze ein einheitliches werden? Wird insbesondere beachtet werden, daß nicht nur die den VSt verlassenden und erreichenden Transporte, sondern auch diejenigen des Cross-Verkehrs nach IÜ-Grundsätzen beurteilt werden sollen? — Es ist nicht ausgeschlossen, daß mancher Gesetzgeber — wie bislang — Cross-Transporte als außerhalb seiner gesetzgeberischen Kompetenz liegend empfinden wird; unmittelbar wirkende internationale Konventionen können demgegenüber — wie u. a. das Beispiel des WA und des Passagierhaftungsentwurfs zeigt — weiterreichende Zuständigkeit für sich in Anspruch nehmen.

4. Weitere Reformaufgaben

a) Mit der Rijeka-Formel wird bezweckt, den Anwendungsbereich des IÜ's auszuweiten und zu komplettieren. Es ist ganz selbstverständlich, daß nach der Reform des Art. X die schon erwähnte Unterschiedlichkeit des materiellen Inhaltes mancher IÜ-Gesetze fortbestehen wird. Es wird daher auch im Verhältnis der VSten zueinander weiter häufig Fälle seefrachtrechtlicher Statutenkollisionen geben, die mit Hilfe der nationalen Bestimmungen über den Anwendungsbereich gelöst werden müssen.

Es sollte daher ernstlich erwogen werden, auf lange Sicht — etwa innerhalb eines Zeitraumes von 10 Jahren — eine Aufhebung der Anpassungsklausel des Zeichnungsprotokolls anzustreben. Dies würde natürlich bedeuten, daß die VSten ihre IÜ-Gesetze — soweit sie den internationalen Transport zur See regeln — zugunsten der ausschließlichen Geltung des IÜ's selbst aufgeben müßten, was insbesondere denjenigen Staaten keine Schwierigkeiten bereiten sollte, die — wie England und die Commonwealth-Staaten — ihren IÜ-Gesetzen den ungeänderten Konventionstext als „Schedule" angegliedert haben. Die Beweggründe, die zur Anpassungsklausel führten, sind nunmehr weggefallen oder nicht länger gültig. Argumente gegen Gesetzestechnik und Stil des IÜ's sind obsolet, nachdem in einem Zeitalter fortschreitender Rechtsvereinheitlichung den Gerichten und der Handelspraxis der Umgang mit Absprachen internationaler Art nicht länger fremd ist, gleichviel, ob es die kontinentale oder die angloamerikanische Gesetzesmethodik ist, die das äußere Bild der Vereinbarung geprägt hat.

Die Vorteile einer solchen Entwicklung wären vielfältig. Gesetzesunterschiede, die durch die Einarbeitung des IÜ-Inhaltes in die nationalen Gesetze entstanden sind, würden wegfallen; die Aussicht, zu einer einheitlichen Interpretation des IÜ's zu kommen, würde wachsen, während andrerseits ganz allgemein die Auslegung nationaler Gesetze — auch Anpassungsgesetze an internationale Konventionen — immer im heimischen Recht und Rechtsdenken verwurzelt bleiben wird. Innerhalb der Gemeinschaft der VSten würden Statuten-Kollisionen nicht mehr entstehen und Rechtswahl- wie auch Paramount-Klauseln überflüssig werden. Jurisdiktionklauseln würden nicht mehr in der Absicht die Anwendung einer bestimmten materiellen Rechtsordnung zu erreichen sondern nur noch aus Zweckmäßigkeitsgründen stipuliert werden. Es würde der Zustand eintreten, der für ein internationales Übereinkommen normal und angemessen ist[433]).

Zweifellos dürfte es nicht einfach sein, die VSten zur Rückkehr zum wirklichen IÜ zu bewegen. Zumindest wird eine diesen Staaten einzuräumende Übergangsfrist reichlich bemessen sein müssen.

b) Für den Fall, daß es nicht gelingen sollte, die Gesamtheit der VSten in Zukunft zur eigentlichen Konvention zurückzuführen, bleibt zu überlegen, welche anderweitigen Maßnahmen eingeleitet werden könnten, um die Rechtsvereinheitlichung auf dem Gebiet des Seefrachtrechts weiter voranzutreiben.

Angesichts der materiellen Abweichungen im Geltungsbereich des IÜ's läge der Gedanke nahe, einheitliche Kollisionsnormen zu schaffen, mit deren Hilfe jeweils ermittelt werden könnte, welche nationale IÜ-Fassung ein Rechtsverhältnis, das in den Anwendungsrahmen fällt, den Art. X gibt, beherrschen soll[434]).

Obwohl eine Vereinheitlichung der Kollisionsnormen sich durchaus als Vorstufe der materiellen Rechtsvereinheitlichung auswirken kann, sind bereits an anderer Stelle die grundsätzlichen Bedenken dargetan worden, die eine solche Maßnahme als unzweckmäßig erscheinen lassen[435]).

Es ist in diesem Zusammenhang nicht ohne Interesse, daß das CMI zunächst ausschließlich diesen Weg zu gehen beabsichtigte, um den durch unterschiedliche Rezeption des IÜ's entstandenen Schwierigkeiten zu begegnen[436]). Eine Reihe von Vorentwürfen enthält bereits Lösungsvorschläge[437]).

Das Subcommittee hat späterhin den Gedanken, einheitliche Kolli-

---

[433]) Der Fall des IÜ's zeigt, daß die Anpassungsbefugnis in internationalen Konventionen nicht ohne Not wiederholt werden sollte. — Leider enthalten auch das Zeichnungsprotokoll (Ziff. 2 [c]) des 1957 entstandenen Abkommens über die Beschränkung der Haftung des Reeders, (engl. und franz. Wortlaut in „Conventions de Bruxelles" 1957, S. 3 ff. [19]) und ferner das Zusatzprotokoll (Ziff. 4) des bereits erwähnten Entwurfes eines Abkommens über die Haftung des Reeders gegenüber Schiffspassagieren (a. a. O. S. 31 ff. [39]) Anpassungsklauseln. Es wäre wünschenswert, wenn im ersteren Falle die VSten sich entschlössen, von der Klausel keinen Gebrauch zu machen und im letzteren Falle noch eine Streichung der Entwurfsbestimmung erreicht werden könnte.

Gegen die weitere Verwendung von Anpassungsklauseln spricht sich nachdrücklich auch Markianos aus (S. 219 f.).

[434]) Dem Gedanken, im Rahmen des IÜ's Kollisionsnormen zu schaffen, neigt insbesondere Devlin, S. 12 f. zu.

[435]) Vgl. oben S. 13 f.

[436]) Über die älteren Arbeiten des CMI-„Subcommittees on Conflicts of Law" berichtet ausführlicher Stödter, Statutenkollision, S. 221 f., 229 ff.

[437]) Der Wortlaut der Entwürfe 1—3 findet sich in CMI-International Subcommittee on „Conflict of Law concerning contracts of carriage", minutes of

sionsnormen zu schaffen, nicht nur als Alternative zur Neuregelung des Anwendungsbereiches in Art. X IÜ, sondern auch als zusätzliche Maßnahme verworfen[438]). Es waren nicht nur sachliche, sondern auch historische und rationale Gründe, die das CMI veranlaßten, dieses Thema nicht weiter zu behandeln. Wörtlich erklärte der Vorsitzende des Subcommittee's, der Schwede Pineus, dem Plenum in Rijeka:

„But it would be a sad day for the CMI if it were driven to find methods for solving conflicts of law concerning one of its own conventions — and perhaps one of the most important at that — when such conflicts come up between states who have adopted the convention. That would be to accept a deplorable situation, to resign in the face of difficulty and to contribute to the prolongation of an unhappy state of affairs for international uniformity. To my mind it would be directly contrary to both the traditions of the CMI and to the well-being of the entire shipping world if your sub-committee by putting forward a concrete proposal for the solving of conflicts of law, were to introduce the CMI to a new and hard discipline of which it has no previous experience, namely conflicts of international private law."

Im Plenum überwog die Auffassung, die diesen Standpunkt bestätigte[439]).

c) Der natürliche Weg, Lücken zu schließen, die sich ungeachtet der bisherigen Vereinheitlichungsbemühungen gezeigt haben, ist es, die bestehende Konvention zu ergänzen und zu vervollkommnen. Ein entsprechender Auftrag ist dem CMI-Unterausschuß, der sich nunmehr „Subcommittee on Bill of Lading Clauses" nennt, von der Vollversammlung in Rijeka erteilt worden. Er lautet:

Resolution of the Plenary Conference voted at Rijeka on September 25th, 1959

„The Plenary Conference instructs its International Subcommittee to study other amendments and adaptations to the provisions of the International Convention for the unification of certain rules relating to bills of lading."

Vordringlichste Aufgabe dieses Ausschusses wird es sein, eine Klausel zu erarbeiten, die an die Stelle der nicht funktionsfähigen Goldklausel des Art. X IÜ treten kann[440]).

---

the Brighton Meeting, 21st September, 1954 (S. 13, 24 und 26); die Entwürfe Nr. 4 und 5 sind unveröffentlicht.

[438]) CMI-Conference of Rijeka und Preliminary Reports, 1959: Report of the Subcommittee, S. 139 bzw. 79.

[439]) Für die Schaffung von Konfliktsnormen — zusätzlich zur neuen Anwendungsregel in Art. X IÜ — sprach sich insbesondere der norwegische Prof. Braekhus (s. CMI-Conference of Rijeka, S. 380 f.) aus. Ebenfalls vertrat der Verfasser damals noch diesen Standpunkt (a. a. O. S. 378 ff.)

[440]) Eine ausführliche Darstellung des Problems gibt Markianos, S. 202 ff.

Aus Abs. 1 des Art. IX IÜ ergibt sich, daß die Höchsthaftungssumme, die das IÜ pro Stück oder Einheit vorsieht, nämlich £ 100,— (Art. IV § 5 Abs. 1 IÜ) als Goldwert zu verstehen ist, ohne daß dieser im Abkommen näher definiert wird. Art. IX Abs. 2 IÜ stellt es den nicht zum £ Sterling-Währungsgebiet gehörenden VSten frei, die Haftungssummen des IÜ's durch abgerundete Beträge der Landeswährung zu ersetzen. Das praktische Ergebnis ist eine z. T. erhebliche Diskrepanz der effektiven Haftungssummen in den VSten, die durch die folgende Tabelle verdeutlicht wird[441]).

Australien	£	100 = $ 224,54
Kanada	kan. $	500 = $ 510,15
Dänemark	Kr.	1 800 = $ 261,36
Ägypten	£	100 = $ 287,—
Frankreich	F.	1 000 = $ 204,10
Deutschland	DM	1 250 = $ 299,87
Indien	R.	1 500 = $ 315,75
Italien	L.	200 000 = $ 323,60
Niederlande	Fl.	600 = $ 159,18
Norwegen	Kr.	1 800 = $ 252,54
Spanien	P.	5 000 = $ 83,75
Schweden	Kr.	1 800 = $ 349,02
Südafr. Union	£	100 = $ 281,27
Großbritannien	£	100 = $ 280,67
USA	$	500 = $ 500,—
Belgien	Fr.	17 500 = $ 351,23
Japan	Yen	100 000 = $ 280,—
Jugoslawien	Din.	200 000 = $ 700,—
Portugal	Esc.	12 500 = $ 437,50
Schweiz	Fr.	2 000 = $ 463,60

Diese Unterschiede in der effektiven Haftung lassen erkennen, wie wesentlich für die Beteiligten seefrachtrechtlicher Verträge die Frage nach dem jeweils anwendbaren Recht werden kann. Umgekehrt gesehen, kann erwartet werden, daß ein Großteil der Fälle seefrachtrechtlicher Statutenkollisionen künftig fortfallen wird, wenn es den Bemühungen des CMI gelingen sollte, alsbald eine wirkliche Goldklausel an die Stelle der unzulänglichen Regelung in Art. IX Abs. 2 IÜ zu setzen.

In England ist als Interimslösung das sog. „Gold Clause Agreement"[442])

[441]) Die Tabelle ist dem Bericht des Subcommittee's (a. d. a. On. S. 138 bzw. 76) entnommen und um die Länder Belgien, Japan, Jugoslawien, Portugal und Schweiz ergänzt worden. — Die Dollar-Vergleichswerte sind berechnet auf der Basis der Schlußverkaufswerte (Stand Ende Juni 1960) der „The Chase Manhattan Bank, New York", entnommen aus „Die Währungen der Welt" (Paritäten und Börsenkurse) herausgegeben von der Deutschen Bundesbank.

[442]) „British Maritime Law Association Agreement of August 1, 1950" Wortlaut bei Carver, S. 1078 ff.; Astle, S. 370 ff.; Colinvaux, S. 188 ff.

entstanden, dessen Bedeutung über die Grenzen dieses Landes hinausgeht und dessen Unterzeichner sich u. a. verpflichtet haben, eine Haftung bis zum Betrage von £ 200,— pro Stück oder Einheit im Verlust- oder Schadensfalle zu akzeptieren und somit in doppelter Höhe des im IÜ fixierten Betrages zu haften[443]).

Der Unterausschuß des CMI hat im Herbst 1960 in London getagt. Es ist damit zu rechnen, daß das Subcommittee dem nächsten CMI-Plenum eine Neufassung des Art. IX IÜ vorschlagen wird, die sich an die Regel des Art. III § 6 des 1957er Abkommens über die Beschränkung der Haftung des Reeders anlehnen wird.

d) Der Unterausschuß wird dem CMI-Plenum ferner Empfehlungen und Vorschläge bezüglich weiterer Maßnahmen zur Reform des IÜ's vorlegen. Gegenstand weiterer Studien des Unterausschusses sind z. Zt. u. a.:

1.) Invoice value clause
2.) Time limit for action in case of indirect damage by delay
3.) Time limit for action in case of wrong delivery
4.) Limit as to value for liability for delay
5.) Both-to-blame clause
6.) Unseaworthiness and deck cargo
7.) Paramount-clause
8.) Choice of jurisdiction
9.) Liability in tort
10.) Definition of package and unit
11.) Notice of claim in writing
12.) Questions concerning carriers' responsibility for statements made in Bills of Lading
13.) Deviation

V. Vervollständigung der Gemeinschaft der Vertragsstaaten

Die internationale Rechtsvereinheitlichung wird andrerseits erst dann als abgeschlossen betrachtet werden können, wenn sich wirklich alle bedeutenderen handeltreibenden Staaten zum IÜ bekannt haben. Es wäre daher wünschenswert, wenn diejenigen Staaten, die bereits ohne Ratifikation oder Beitritt das Gedankengut des IÜ's in ihre nationalen Gesetze aufgenommen haben[444]), sich dazu verstehen könnten, auch formal ihre Übereinstimmung mit den Grundsätzen des IÜ's zu bekennen. Schließlich

443) A. a. O. Art. 2.

444) Diese Staaten sind in dieser Darstellung als Quasi-VSten bezeichnet worden (vgl. oben S. 23 f.).

sollte erneut an das Solidaritätsgefühl derjenigen Länder appeliert werden, die — wie insbesondere die südamerikanischen Nationen —[445]) bislang der Gemeinschaft der VSten vollständig ferngeblieben sind.

---

[445]) Nach den Ermittlungen Astle's (S. 311 ff.) sind in den südamerikanischen Staaten schon seit dem Jahre 1941 vereinzelt Vorbereitungen zur Einführung der Konvention im Gange, die bislang allerdings noch in keinem Staate zum Abschluß gekommen sind; vgl. hierzu auch Knauth, Bill of Lading, S. 131 f.

FSC
www.fsc.org
MIX
Papier | Fördert gute Waldnutzung
FSC® C083411

Kolibri 360 GmbH
Ferdinand-Jühlke-Straße 7
99095 Erfurt, Deutschland
produktsicherheit@kolibri360.de